Megalith und Schamanismus

Großsteingräber in Norddeutschland
und naturverbundene Spiritualität

Wolf E. Matzker

1

Autor: Wolf E. Matzker
Text: 25.2.2017 – 21.5.18
Herstellung und Verlag: BoD- Books on Demand, Norderstedt
ISBN: 9783752861631
Cover: Dolmen bei Loose

Megalith und Schamanismus

Großsteingräber in Norddeutschland
und naturverbundene Spiritualität

Wolf E. Matzker

Inhaltsverzeichnis:

Allgemeine Erklärungen:

Vorwort

Dieses Buch kann nur eine kleine Auswahl der Großsteingräber behandeln. Es gibt viel mehr, und ich selbst habe auch viel mehr besucht, als ich hier beschrieben habe.

Der Geist, mit dem ich mich den archaischen Stätten der Megalithkultur gewidmet habe, ist der schamanische. Darunter verstehe ich die Verehrung der Kräfte und Energien der Natur, das Arbeiten und das Leben mit ihnen. Die ganze Natur ist beseelt, überall gibt es Geister der Natur.

Animismus und magisches Denken halte ich nicht für überholt, sondern im Gegenteil für aktuell. Wissenschaftliche Erkenntnisse bestätigen das, auch wenn es von Wissenschaftlern anders ausgedrückt wird, aber das ist aus meiner Sicht kein Problem. Künstler, Dichter, Schamanen, Wissenschaftler, jeder hat seine Sprache.

Solange der Mensch als rücksichtsloser Ausbeuter die Erde bevölkert, hat er keine Zukunft. Er muss sich in jedem Bereich ändern. Natur muss wieder als **heilig** begriffen werden. Und er muss sich neu **verwurzeln**, bei aller Globalisierung. Wer eine konkrete Heimat hat, hat auch Wurzeln und fühlt sich verbunden und verantwortlich.

All das gilt auch für die Grab- und Kultstätten unserer norddeutschen Vorfahren. Die Megalithstätten sind heilige Orte unserer prähistorischen Ahnen. Sie gilt es zu achten.

Wissenschaft und Magie

Wissenschaft und Magie sind zwei gegensätzliche Methoden und Interessen. Die Archäologen wollen gesicherte und bewiesene Erkenntnisse haben. Ein berechtigtes Anliegen. Nur, was kann man herausfinden, wenn man nur Scherben, nur Knochen und vielleicht Glasperlen hat. Nicht viel.

Man kann wissenschaftlich weder herausfinden noch beweisen, was die Menschen damals empfunden, gedacht, gelebt und verehrt haben. So lese ich in den wissenschaftlichen Texten immer davon, dass man es nicht wisse oder auch nicht beweisen könne. Ich frage mich nur, welches Interesse Archäologen dann eigentlich an der Steinzeit haben?

Magie wird von den Wissenschaftlern und rein rational denkenden Menschen rigoros abgelehnt. Es ist für sie nicht seriös, beruhe auf reinen Spekulationen, sei reine „Spinnerei" oder „esoterischer Unsinn".

Magisches Denken ist jedoch der Weg, der einem bleibt.

Man muss sich geistig, seelisch, gefühlsmäßig in ferne Zeiten zurückversetzen. Man muss hypothetisch davon ausgehen, dass die Steine oder die Baumhüter Informationen gespeichert haben, so dass man diese herbeirufen kann.

Wen es emotional zu alten Großsteingräbern und Kultstätten zieht, der wird irgendetwas in der Art tun, selbst dann, wenn es ihm gar nicht bewusst sein sollte. Er wird seine Antworten und Botschaften erhalten, auch wenn er sie nicht verbalisieren kann oder will.

Wer den magischen Weg geht, der sucht Sinn, Bedeutung, Inspiration, Erfüllung. Am Ende ist es vielleicht sogar egal, ob das mit den historischen Tatsachen übereinstimmt oder nicht. So paradox es sich für manche anhören mag, auch ein „falscher" Traum kann sinnvoll sein. Man schaue sich nur die Geschichte der Menschheit an: unendlich viele Träume, Visionen, Ideen etc. Längst nicht alles war gut und hilfreich, bei weitem nicht. Wer will da einen objektiven Sinn des menschlichen Daseins behaupten wollen?

7

Es geht um den Tod und Naturspiritualität

Bei den Megalithgräbern geht es nicht um sensationelle Bauwerke aus der Steinzeit, um großartige touristische Ziele, auf denen man herumklettern und Selfies machen kann, sondern es geht um den Tod. Es geht um das Jenseits. Es geht um das Reich der Toten.

Wann, wie und warum entstanden diese großen Gräber aus gewaltigen Steinen? Man versetze sich einfach einmal zurück in die damalige Zeit. Die leere Landschaft, in der es wilde Tiere gab, die auch dem Menschen, genauer: den kleinen Menschengruppen, gefährlich werden konnten. Hier und da lagen sie herum, die großen Steine nach der Eiszeit.

Das Leben war kurz, flüchtig, bedroht. Die Steine versprachen Ewigkeit, ewigen Schutz, ewiges Bewahren des kurzen Lebens. Die Steine sind immer noch da, wenn nicht der moderne Mensch sie fortgeschafft oder zerstört hat.

Die Steine sind die Hüter des Totenreiches. Aber vielleicht sollten wir eher sagen, sie repräsentieren den ewigen Schoß der GROSSEN MUTTER. Die Formensprache der Urdolmen und aller weiteren Ausführungen ist aus meiner Sicht eindeutig. Es geht um einen Ur-Uterus aus Stein, der den verstorbenen Menschen für immer bewahren möchte. Rituale und Zeremonien werden dem gedient haben. Jeder wusste schon immer, woher die Kinder kommen. Am Ende des Lebens kehrt man zur universellen Mutter zurück und damit schließt sich der Kreis.

Für uns Lebende geht es natürlich um unser gegenwärtiges Leben, um unsere individuelle Form der Natur-Spiritualität. Um unsere Herkunft, um unsere Ahnen. (Meine Ahnen mütterlicherseits kommen aus der Gegend um Wildeshausen.) Es gibt hier keine festen Vorgaben, kein festgelegtes, striktes System. Es kommt auf unser Herz, unsere Offenheit, unseren Respekt für die Vorfahren und letztendlich auf unsere Liebe zur ganzen Natur an.

Weiße Maria in einer Felsnische, Lübbensteine bei Helmstedt

9

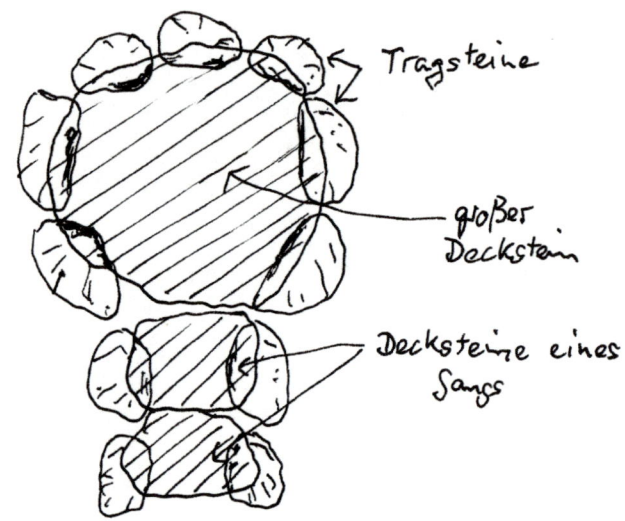

Tragsteine

großer Deckstein

Decksteine eines Ganges

Ur-Dolmen als Schoß der Großen Mutter

Eiche, Glaner Braut, Dötlingen

11

1. Glaner Braut bei Dötlingen

Schon immer fand ich die Stätten der Megalithkultur ausgesprochen interessant und inspirierend. Sie waren mir nie, anders als bei den Kirchen, fremd oder gar unheimlich. Sie waren mir im Gegenteil schon immer vertraut, als würde ich sie seit ewigen Zeiten kennen.

Ich denke, dass es an meinen Ahnen liegt, an der Verbundenheit mit meinen Ahnen. Ich denke an die Ahnen der Urzeit, nicht an die Leute vor 200 oder 500 Jahren, sondern an die Menschen vor 2000 oder 5000 Jahren, als der Norden noch uns gehörte, nur uns und sonst niemandem.

Das erste Foto zeigt die sogenannte Glaner Braut bei dem Dorf Dötlingen, nördlich von Wildeshausen. Ich kenne diese Kultstätte seit meiner Kindheit. Im Allgemeinen wird immer von Gräbern gesprochen, von Großsteingräbern. Das ist nicht falsch, aber auch nicht wirklich richtig, nach meinem Empfinden. Es ging immer um einen spirituellen Kult. Vielleicht redet man gerne nur von „Gräbern", um es ganz und gar in die Vergangenheit zu schieben. *Es war einmal, vor langer, langer Zeit!*

Das hat dann keine Bedeutung mehr für die Gegenwart. Es ist nur ein „Kulturdenkmal" aus längst vergangenen Zeiten.

Immer, wenn ich diese Stätten besucht habe, hatte ich nicht das Gefühl, dass es eine Sache der Vergangenheit ist, sondern dass es uns immer noch etwas zu sagen hat. Vielleicht ja nur mir. Aber das glaube ich nicht. Auf jeden Fall habe ich dort etwas gefunden, was ich nicht gesucht habe. Etwas hatte mich gerufen. Etwas ruft mich immer noch. Sonst hätte ich dies hier nicht geschrieben.

Wenn die Stätten der Megalithkultur etwas mit dem eigenen Weltbild, Animismus, Schamanismus, Naturspiritualität, Naturmystik etc., zu tun haben, dann sieht man diese heiligen Orte unserer Ur-Ahnen mit anderen Augen.

Wer ist man selbst? Wer bin ich selbst? Wo komme ich her? Wo komme ich selbst wirklich her? Was ist mein wahres Selbst, mein wahres Sein, meine wahre Bestimmung? Wo kommt das alles her? Und später, wo geht das alles einmal hin?

Die meisten Menschen geben sich mit oberflächlichen Antworten zufrieden. Sie wissen, was in ihrem Personalausweis steht, sie kennen ein wenig die Familiengeschichte, vielleicht auch ein wenig mehr, aber das war es dann auch schon. Wer sieht sich in Verbindung zu Ahnen vor tausenden von Jahren?

Heute gibt es Digitalfotos; siehe oben. Ich hätte dort auch vor 3000 Jahren stehen können. Meine Kleidung wäre eine andere gewesen, keine Jeans, kein T-Shirt, aber vielleicht hätte ich auch das Schamanen-Blau getragen, damals schon, wer weiß das?

Wissen. Wir wollen immer Wissen haben, objektives Wissen, nachprüfbar, belegbar, mit irgendwelchen Dokumenten. Wir haben sie nicht,

13

es gibt sie nicht. Was wir, was ich habe: das sind Ahnungen, Botschaften aus fernen Zeiten. Gefühle, starke, kraftvolle Gefühle! Mir genügt das. (Wem das nicht genügt, der kann an dieser Stelle die Lektüre gleich abbrechen.)

Ich bin nicht der Ansicht, dass uns Gefühle trügen. Im Gegenteil. Sie schenken uns wichtige Botschaften, sie schenken uns altes Wissen, instinkhaftes Wissen, archaisches Wissen, Wissen der Erde, des Bodens, des Blutes, der Herkunft, der Ahnen. Ich fühle mich dem verbunden und verpflichtet. Ich schreibe dafür. Ich gebe den Ahnen und ihrer Welt eine Stimme, so wie ich der Natur, den Wäldern, den Bergen, den Steinen, den Tieren und Pflanzen eine Stimme gebe.

Ich nenne diesen großen Findling den „Sonnenstein". Auf ihm sind verschiedene Linien zu erkennen, die jeder für sich deuten kann, wenn er will. Dass der Stein einmal ein Hakenkreuz hatte, ist mir egal. Auf der Unterseite ist der ausgemeißelte Kreis noch zu sehen. Man scheint sich nicht einig zu sein, ob das böse Symbol noch vorhanden ist oder nicht. Einen offiziellen neuen Kult gibt es nicht.

Die Sonne ist, denke ich, allgemeingültig, seit ewigen Zeiten und wird es auch immer bleiben. Sonnensymbole gibt es seit Urzeiten. Es gibt eine Vielzeit von unterschiedlichen Symbolen, man kann sich eines aussuchen, das nicht durch die Geschichte belastet ist.

In die Bäume beim Sonnenstein habe ich immer Gebetsfäden gehängt. Sie stehen für elementare Kräfte der Natur. Das ist mein Kult. So schafft man etwas Neues. Gleichzeitig bleibt das Alte gültig: Feuer und Wasser, Erde und Luft waren immer wichtige Elemente einer Naturreligion. Vor 5000 Jahren – und auch in 5000 Jahren.

Eine Naturreligion braucht keinen Fortschritt, höchsten in Hinblick auf Feinfühligkeit, Sensibilität, Empathie etc. Entweder man lebt es, oder eben nicht. Fortschritt scheint mir da nicht so notwendig. Von Fortschritt im Sinne von technologischer Entwicklung und permanenter Gewinnmaximierung reden andere. Der Naturmensch will die Natur so, wie sie ist, er will sie erhalten und bewahren. Er wünscht sich Gleichgewicht und Ausgewogenheit.

14

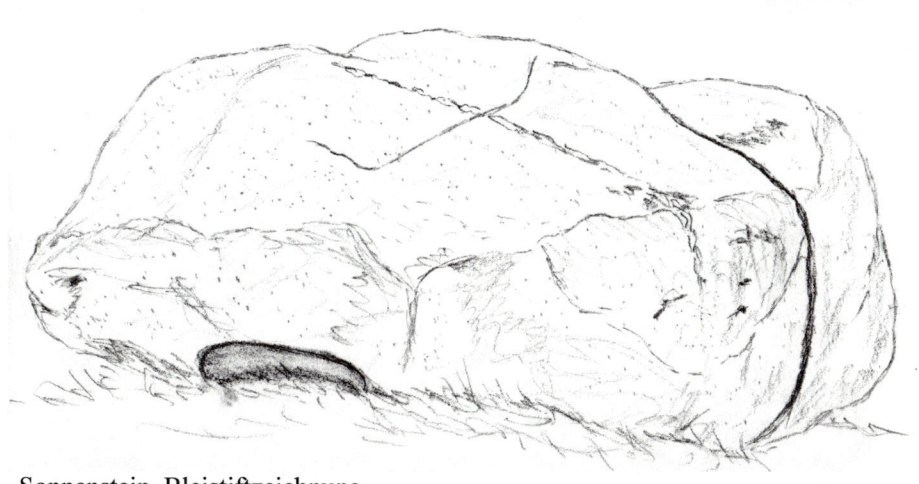

Sonnenstein, Bleistiftzeichnung

Welche Zeichen erkennt man?

Welche Zeichen erkennt man auf einem Stein? Von welcher Seite betrachtet man überhaupt den Stein? Rillen erkennt man relativ leicht, auch Einschlusslinien im Granitgestein. Bei anderen Linien wird es schon schwieriger, und je schwächer sie sind, desto schwieriger wird es. Und wie sieht es mit Gesichtern aus, Augen oder anderen Elementen? Es hängt auch davon ab, ob man gerade etwas sucht oder erwartet oder nicht. Manchmal macht man eine überraschende Entdeckung. Unten ist am Stein der ehemalige ausgemeißelte Kreis zu erkennen. Mehr konnte ich nicht sehen.

Man kann, und viele werden es tun, alles als rein subjektiv bezeichnen. Gut, das ist richtig, Aber für den Menschen ist es immer wichtig und wird immer wichtig bleiben, was ihm der Stein zu sagen hat. Obige Bleistiftzeichnung ist nur einer von vielen Annäherungsversuchen. Digitalfotos sind Ergebnis einer Maschine, Zeichnungen sind kreatives Ergebnis eines fühlenden Menschen.

15

Großer Findling mit Kosmogramm

In der Dorfmitte von Dötlingen stehen drei große Findlinge, die, wie ich vor Jahren vermutete, von Marko Pogacnik dort aufgestellt worden sind. Der mittlere Stein ist auf dem Foto zu sehen und trägt ein neues Symbol, ein Kosmogramm. Hier ist der Stein auch kurz zu sehen:

http://www.geniusloci.info/geomantie/lithopunktur.html

Nach der Homepage scheint es jedoch Deert Jacobs gewesen zu sein, der in Anlehnung an Pogacnik die Steine errichtet hat. Das ganze Geschäftsunternehmen gefällt mir allerdings überhaupt nicht! Gut, es kann sich jeder Leser die Website ansehen und sich selbst sein Urteil bilden.

Ob die Dorfbewohner den Stein als Hüter des Dorfes verstehen, möchte ich eher bezweifeln. Vielleicht sehen sie das Ganze als fremd und als aufgesetzt an. In den Stein hat man einen runden Kreis gebohrt und dort hinein das Kosmogramm gesetzt. Es hat, soweit ich mich erin-

16

nern kann, einen Durchmesser von ca. 25cm.

Ich persönlich mag es eigentlich gar nicht, Steine mit irgendwas zu verzieren, zu bemeißeln, zu bemalen oder was auch immer. Ein Stein ist ein Stein und sollte naturbelassen bleiben. Was das Kosmogramm bedeuten soll, weiß ich nicht genau. Ich vermute, dass es um positive Entfaltung der Kräfte der Erde gehen soll.

Was ich auch zu bedenken geben möchte, ist die Tatsache, dass man mit Symbolen auf Steinen nachfolgenden Generationen immer die Möglichkeiten eigener Sichtweisen nimmt. Lässt man hingegen den Stein so, wie ihn die Natur geschaffen hat, dann kann jeder ihn, Rillen oder Einbuchtungen auf ihm, so deuten, wie es ihm sinnvoll erscheint. Ich finde das besser.

Die Steine stehen außerdem direkt neben der Straße. Ein Ritual kann man also nicht machen. Sie stehen dort wie ein modernes Kunstwerk, das man sich anschauen kann. Hinter der Lithopunktur mag ein Konzept stecken, aber wohl eher ein mentales, weniger ein spirituelles.

Wie ruft man die Ahnen?

Man kann sich mit seiner eigenen Ahnengeschichte befassen, aber das bleibt vielleicht eine eher nur historische Angelegenheit, etwas für den Kopf und seine Erinnerungen.

Die schamanische Reise in die Vergangenheit ist da schon ein anderer Weg. Man trommelt und reist zurück in eine versunkene Welt.

Man besucht die alten Kultstätten. Studiert sie in einem anderen Bewusstseinszustand, träumerisch, tranceartig, meditativ, um einen Zugang zu der Vergangenheit zu bekommen. Je öfter man das macht, desto besser. Ein einziges Mal ist nie genug. Man sollte es über Jahre und Jahrzehnte verfolgen, als einen Teil der Lebensform. Der Zugang wird dann immer besser. Die Reaktivierung des Vergangenen wird stärker.

Es gibt Völker auf der Erde, die mit den Ahnen leben, die bis in die Gegenwart den Kontakt pflegen und aufrecht erhalten. Man kann sich darüber informieren, was sie machen und wie sie es machen. Diese kulturelle Bildung kann man dann auch für sich nutzen.

Es ist gut und sinnvoll, einen Ort oder ein paar Orte zu haben, die man über viele Jahre immer wieder besucht. Das sind die Verbindungsstationen in die ferne Vergangenheit. Ein Friedhof, das kennt jeder, ist oft nur eine Verbindungsstation in die nähere Vergangenheit, also zu den verstorbenen Eltern oder Großeltern etwa. Aber auch hier kann man ein bisschen zurückdenken oder sich tiefer und intensiver zurückversenken. Dafür muss ein Gebet oder eine Meditation etwas länger sein. Ein paar Minuten reichen nicht.

Außerdem gibt es heute sehr viele historische Romane und Filme, die man dafür verwenden kann, um sich mit einer früheren Geschichtsepoche vertraut zu machen. Kürzlich gab es einen filmtechnisch sehr gut gemachten Film über Katharina Luther, den man sich x-mal anschauen kann, um so mehr und mehr ein intensives Gefühl für die damalige Zeit zu bekommen.

Ewigkeit, davon ist im Christentum immer die Rede. Das ewige Leben. Wissen die Menschen, was sie damit meinen? Haben sie davon eine klare Vorstellung? Wo empfinden sie „Ewigkeit"? Empfinden sie diese überhaupt irgendwo? Sind sie nicht vielmehr so eingebunden in ihr Leben, ihre Arbeit, ihren Stress, ihre dauernden Aktionen, ihre dauernden Veränderungen, ihre dauernden Zwänge, etwas machen zu müssen? Vermutlich empfinden sie das Ewige nicht einmal auf dem Friedhof, den sie mal schnell besuchen, ein paar Blumen hinterlassen, und schnell wieder weg in den Alltag, denn man muss noch einkaufen, Essen kochen, Kuchen backen, das Auto reparieren lassen etc.

Ich besuche, immer mal wieder, die Glaner Braut, seit mehr als dreißig Jahren. Ich kenne sie seit über fünfzig Jahren. Schon damals, also ca. 1966, hatte ich das Gefühl von einem Ort der Ewigkeit. Damals sah ich in der Nähe einige Zigeuner, vielleicht waren es Roma, weiß ich nicht, aber es waren andere Menschen, Menschen aus einer anderen Welt, einer anderen Zeit. Die Glaner Braut an der Hunte war – und ist es immer noch – ein Ort einer ganz anderen, ganz fernen, längst vergangenen und verschwundenen Zeit. Damals gab es nur kleine Dörfer, kleine Ansiedlungen. Oder noch weiter zurück, in die Zeit der Jäger und Sammler, der wandernden kleinen Gruppen.

Wenn ich heute durch die Kiefernwälder gehe oder über den Sandboden, dann spüre ich das immer noch. Ich muss es längst nicht mehr suchen, es ist sofort da. Teilweise lebe ich gar nicht heute, 2017, sondern in einer ganz anderen Zeit. Ob das für manche schizophren ist, weiß ich nicht. Ist mir auch egal. Ich komme bestens mit den unterschiedlichen Zeiten klar.

Archäologen wissen immer, ob sie in der Gegenwart sind oder ob sie sich mit der Prähistorie beschäftigen und irgendwas untersuchen, vielleicht das Grab einer Schamanin unter einem Hügel? Bei mir ist das nicht anders. Nur, dass ich Methoden wie schamanische Reise, Trance und Versenkungen verwende. Ich muss und will nichts ausgraben. Ich bin nicht materialistisch und bilde mir nicht ein, ich wüsste etwas, wenn ich Knochen oder Goldschmuck gefunden hätte. Das eigentliche Leben, das spirituelle Leben hinterlässt keine materiellen Spuren, die man im Landesmuseum Hannover ausstellen könnte. Meine Gesänge, mein

19

Trommelklang, meine Gebetsfäden sind ja auch ganz schnell verschwunden.

Verschwinden. Es ist gut, dass die Dinge verschwinden. Das leere Feld um die Steine der Glaner Braut muss immer mal wieder frei gemacht werden. Es würde sonst schnell zuwachsen, dann wäre alles nur Wald, Kiefern, Eichen, Birken, Buchen. Vielleicht wäre das auch nicht schlecht. Die alte Zeit, die alte Kultur vor 5000 Jahren ist ohnehin verschwunden. Wenn heute Menschen über die Anlage gehen, dann haben sie meist kein Ehrgefühl für die Toten, für die Ahnen, schon gar nicht für die Natur-Lebens-Religion der damaligen Menschen. Sie laufen herum, reden über ihre Alltagssorgen, die Kinder klettern auf die Steine, brüllen herum wie kleine Affen. Niemand würde sich so auf einem Friedhof verhalten.

Bis auf sehr wenige Menschen, die mit den Naturgeistern leben, sind die alten Geister verschwunden. Keiner ruft sie. Keinen interessiert es. Esoterische Aktionen wie die von dem Deert Jacobs, siehe oben, halte ich für aufgesetzt, und mit einem gewissen Machtanspruch, der mir nicht gefallen will. Die Menschen haben schon viel zu viel in ihrem Sinne verändert. Das sollte verschwinden. Man sollte nichts ändern. Und wenn, dann sollte es ein richtiger Kult sein. Auf keinen Fall einer mit einem Machtanspruch. Dieses falsche Denken sollte wirklich einmal verschwinden. Wir Menschen haben keine Macht, nicht über das Schicksal, nicht über unser kurzes Dasein auf der Erde, nicht über die Natur und schon gar nicht über den Kosmos.

Alles vergeht mit der Zeit, sagen die Steine. Alles wird wieder verschwinden. Die Erde holt sich alles zurück, was aus ihr gekommen war. Es fällt alles zurück. Wie die dunkle Kali aus Indien frisst sie alles wieder auf. Schau die Moose auf den Steinen, schau die Flechten, schau das Gras. Das Gras zieht sich mit der Zeit über alles. Unter der grünen Decke des Grases verschwindet jeder Stein.

Vor zwanzig Jahren hatte ich einen Steinkreis aus Kalksteinen errichtet. Das Gras hat sie teilweise überwuchert, teilweise sind sie in die Erde eingesunken. Sie werden eines Tages ganz unter der Oberfläche liegen. Verschwunden. Es wird sie auch keiner suchen, keiner ausgraben.

20

Eigentlich ist die Ewigkeit eines Steins eine Illusion. Schon die Menschen der Steinzeit hatten die Illusion. Sie wollten auch nicht, wie wir, dass alles verschwindet, komplett, ohne irgendeine Spur. Sie wollten etwas bewahren und haben aus den großen Findlingen ihre Anlagen gebaut. Anlagen für die Ewigkeit. Wenn sie nicht weggeschafft wurden, wenn die Steine nicht gesprengt wurden, dann liegen sie immer noch da, wie hier auf dem Feld der Glaner Braut oder wie im Wald an anderen Orten. Das Eigentliche jedoch, der Kult, der ist verschwunden. Ein Kult verlangt immer lebende Menschen, gläubige Menschen, echt gläubige, keinen Esoterik-Guru mit seinen Seminarteilnehmern, nein, wirklich gläubige Menschen.

Orte wie „mein" Sonnenstein auf dem Gierenberg oder die Glaner Braut sind für mich Heimat, Zuhause. Sie bestätigen mir, dass es etwas anderes gibt als den allmächtigen Materialismus. Wir leben heute im Zeitalter des allmächtigen Materialismus. Das ist es, woran sie heute alle glauben, an den Allmächtigen der Materie.

Das Feinfühlige ist nicht ihre Sache. Sie sehen es gar nicht, sie leben es nicht. Es sind ja nur Gefühle. Traumgespinste. Wie die weißen Spinnennetze früh am Morgen im Heidekraut, in denen das Sonnenlicht glitzert.

21

Aquarelle und Zeichnungen

Aquarelle und Zeichnungen sind in heutiger Zeit eine alte Kunsttechnik. Für viele vermutlich überholt und unmodern. Jeder macht Tausende von Digitalfotos, ist damit zufrieden, auch wenn er sich die meisten davon später sowieso nicht mehr anschaut.

Aquarelle und Zeichnungen sind eine zarte Kunst, empfindsam, vorsichtig und sensibel. Der Prozess der kreativen Arbeit ist hier wichtig. Die Herangehensweise ist eine gänzlich andere als die mit einem Fotoapparat. Man muss sich dem Objekt wirklich widmen, innerlich verbinden, auf Details achten, auf die eigene Resonanz zum Objekt.

Aquarelle und Zeichnungen entsprechen dem sensitiven Umgang mit der Natur oder mit Kultstätten.

Für den Künstler ist der Prozess des Malens und Zeichnens wichtig, weniger das Ergebnis.

Für den Betrachter ist seine Phantasie, seine Vorstellungskraft wichtig. Je intensiver er es sich mit Hilfe eines Aquarells oder einer Zeichnung vorstellt, desto besser. Ich habe die Erfahrung gemacht, dass weder eingescannte Bilder noch Digitalfotos Kunstwerke richtig wiedergeben. Das gilt auch für gut gedruckte Bücher.

Das Original ist und bleibt immer das Original!

Fazit: Für den Leser eines Buches kommt es auf seine Vorstellungskraft an, die er selbst aktivieren muss. Vielleicht erinnert sich der eine oder andere, der damals, in den fünfziger oder sechziger Jahren, Bücher gelesen hatte, wie stark Vorstellungen sein können, egal, wie, rein künstlerisch gesehen, gut eine Zeichnung gewesen war.

Die eigene Vorstellung ist alles, sie ist der Weg! Man sollte ihr also Raum und Zeit geben. Das gilt auch für die Fotos, die ich für dieses Buch aus einer Vielzahl von Fotos ausgewählt habe.

Glaner Braut, von Westen aus gesehen

23

Irgendwann muss es einmal einen Stammvater gegeben haben, einen Heideschamanen, einen Ur-Schamanen, der mit den Vögeln sprach. Den Vogelmann. Scharrelmann, so hießen einige Vorfahren von mir. Ein Scharrel-Schamane, der mit den Vögel sprechen konnte und der ihre Botschaften verstand.

Irgendwann muss er einen besonderen Stein gefunden haben, eine Inspiration gehabt haben. Die Steine sind das, was bleibt. Die Knochen der Erde, die länger bleiben als alles, was er kannte. Viel länger als das Fleisch der Menschen oder die Federn des Bussards.

Die alten Steine sind die Hüter des Landes.

Später gab es Streit, wie immer, ob man sie bewegen dürfe oder nicht. Ob man sie von ihrem Ort an einen anderen bringen dürfe oder nicht. Der Vogelmann war dagegen. Alles musste so bleiben, wie es die ERDE wollte. Die ERDE bestimmte, denn sie war die MUTTER des Lebens.

Die Jäger entschieden anders.

Die alten Steine sind die Hüter des heiligen Landes. Sie sind es immer noch, ob die Niedersachsen nun einen Stein für ihre Dorfgründung oder für die im Kriege Gebliebenen aufstellten. Überall in Niedersachsen stehen solche Steine. Auch die bösen Nationalsozialisten stellten welche auf, mit ihrem Symbol, oder die vielen bei Verden, für die von Karl dem Großen erschlagenen Sachsen. Selbst moderne Esoteriker stellen welche auf, mit eingemeißelten Kosmogrammen.

Der Vogelmann stellte keine auf.

Die Erde gestaltet, nicht der Mensch, nicht der Mann. Die Erde ist die große Künstlerin, nicht der Mensch. Was die Erde geschaffen hat, darf der Mensch nicht willkürlich verändern, so dachte der Vogelmann, der Scharrelmann, damals, vor 10.000 oder mehr Jahren. Wer weiß es? Keiner weiß es.

Der Vogelmann stand nur auf seinem Hügel, sang über die Grasflächen, beobachtete den Flug der Vögel, legte ein paar Samen oder ein wenig Fleisch auf den Stein, den er immer besuchte.

24

Ur-Schamane in Norddeutschland

25

Heute gehe ich nicht in Fellkleidung über die Glaner Braut. Heute trage ich eine Jeans, Made in China, laufe in Schuhen, Made in China, trage ein blaues T-Shirt, Made in Vietnam. Und selbst meine olivgrüne Feldjacke, selbst diese Bundeswehrkleidung ist, wie kann es auch anders sein, Made in China. Warum kommt das alles aus China? Können wir nichts mehr? Wollen wir nichts mehr können? Was sind wir doch fremdbestimmt! Aber eigene Kleidung kann ich mir nicht machen.

Da geht es mir wie den amerikanischen Indianern, die auch nur amerikanische Kleidung tragen, amerikanisches Essen futtern müssen, amerikanisches Fernsehen schauen und amerikanische Musik hören. Auch sie sind amerikanisiert. Völker im fremden Land, das ihnen nicht mehr gehört. Da hilft auch keine Adlerfeder. Da hilft auch kein indianisches Gebet.

Dennoch, so weit es möglich ist in diesen Zeiten des Krebses, ich meine den Kapitalismus, das große Krebsgeschwür von Mutter Erde, laufe ich in einem anderen Geist durch die Gegend bei der Glaner Braut. Aber nicht nur dort, überall. Selbst wenn ich mal in der Stadt bin, dann bin ich dort der germanische Indianer aus dem Wald, nur zu Besuch.

Meinen Stock, wie auf meiner Zeichnung, den habe ich immer noch. Schon 10.000 Jahre. Meine Federn, die mich mit dem Himmel verbinden, denn das Irdische ist doch manchmal nur ein Land des Mangels. Immer fehlt etwas. Nahrung vor allem, Wärme, und immer gibt es Störendes wie Krankheiten, Schmerzen, tote Kinder, immer. Es hört nie auf. So wurde der kreisende Milan zum Symbol einer anderen Welt.

Die Steine hier, sie bleiben.

Sie werden für immer hier bleiben. Jetzt werden die alten Kulturdenkmäler geschützt. Keiner darf etwas ändern oder Steine fortschaffen. Da sie zu groß und schwer sind, wird es auch keiner machen. Allein der Aufwand wäre zu groß. Aber böse und falsche Leute wird es immer geben. Sie verschwinden so wenig wie die Krankheiten oder schlechtes Wetter. Zu kalt, zu nass, zu trocken, zu warm, zu oft stimmt es nicht, zu oft ist es nicht in der schönen, harmonischen Mitte. Vielleicht ist das auch nur ein Traum, die schöne und harmonische Mitte.

Vielleicht ist es schizophren, wenn man als Körper hier und jetzt lebt,

26

aber als Seele in einer ganz anderen Zeit. Klar. Psychologen sehen das so und stellen ihre Fragen: Wie geht es Ihnen damit? Was gibt Ihnen das? Versuchen Sie doch einfach mal im Hier-und-Jetzt zu sein?

Interessiert mich nicht. Ich lebe nicht hier, ich lebe in Träumen. Dreamtime-Walker. Ich finde das besser. Auch wenn keiner mitläuft. Traumwelten sind auch eine Existenzform. Warum auch nicht? Was soll denn dagegen sprechen?

Ich komme zurecht in der Welt der Automaten. Kann den Bankautomaten bedienen oder die Pumpmaschine der Tankstelle. Mit dem Automobil komme ich bestens zurecht. Also, warum nicht in seelischen Traumwelten leben?

Es ist alles gut so, wie es ist.

In der Steinzeit möchte ich nicht leben. Das moderne Schlaraffenland hat seine Vorteile. Man kann schnell Obst oder Saft kaufen, bei Aldi oder Netto. Überall steht so ein Wunderladen. Die Versorgungslage ist fantastisch. Was hätten die Menschen der Megalithkultur gestaunt! Und dann hätten sie sich den Bauch vollgeschlagen. Am Ende sind und bleiben wir hungrige Tiere. Unsere Massenvermehrung führt zum modernen Massensterben, erst die Singvögel, dann die Tiere des Urwalds, erst die Hasen und Fasane, dann wir.

Es ist gut, dass das so ist, dass es so kommen wird. Da hilft keine Adlerfeder und kein Schamanengesang bei den alten Steinen. Aber ich mach das weiter, bis ich umfalle, und meine Knochen unter einer Birke wie alte, abgewehte Äste herumliegen. Das wird schön. Aber sie werden mich da nicht liegen lassen, denn es muss alles seine „Ordnung" haben. Es muss doch alles seine „Ordnung" haben. Ja, die „Ordnung" der Mächtigen, der Kontrollmenschen, der Grauen – man denke an Momo von Michael Ende. Wenn mich keiner findet, dann kann ich da vielleicht liegen bleiben. Das wäre sehr gut. Ich denke, dass ich irgendwo liegen bleiben muss, wo mich keiner findet. Nur ein Fuchs. Der hat dann eine Mahlzeit. Oder ein paar Wölfe. Die entsorgen dann alles, lassen nur meinen Schädel unter der Birke liegen.

Ist das makaber? Morbid? Schwarzer Humor? Das ist mir egal. Ich finde es gut. Es war vor 10.000 Jahren auch so. Irgendwo blieb man lie-

27

gen. Wir kommen aus der Erde, wir verschwinden wieder in ihr. Das war und ist der natürliche Lauf des Lebens.

Eigentlich war ich wohl damals schon gegen das Gigantomanische, gegen die Krankheit des Kopfes, des Menschen. Alles muss immer so groß sein! Schaut euch um in der Welt, liebe Leser! Alles ist gigantomanisch, alles ist sehr extrem geworden. Alles scheint zu eskalieren. Wir brauchen dringend einen Ausgleich, ein Gleichgewicht. Eine neue Verwurzelung mit der Erde halte ich für sehr wichtig.

Blick aus westlicher Richtung hinter dem kleinen Grab (950) auf die große Anlage der Glaner Braut (948).

28

Hüterin der Glaner Braut, Aquarell 30x40cm, 2018

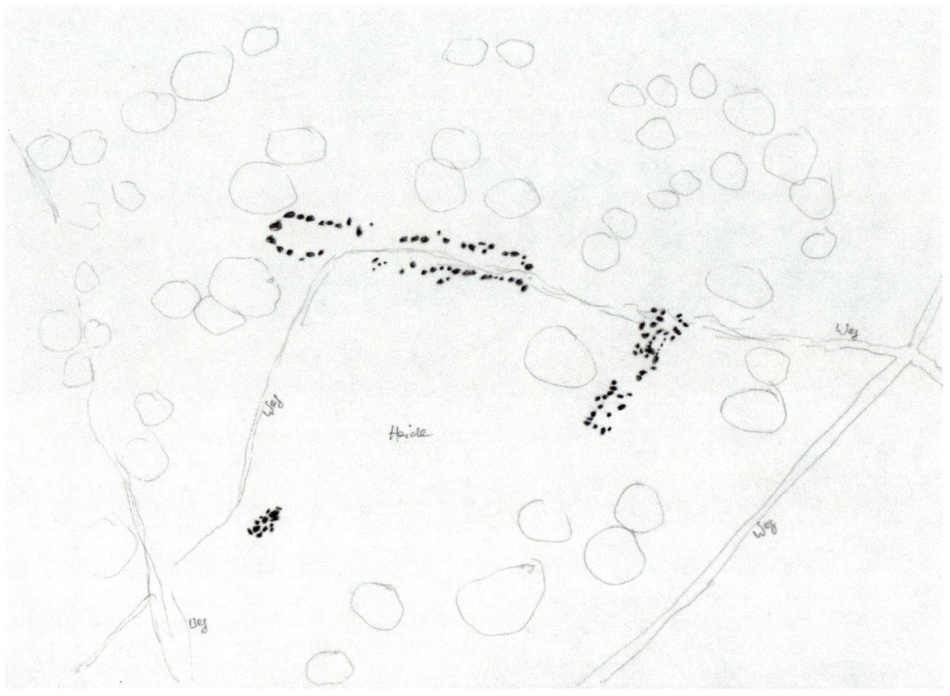

Man kann auf die Glaner Braut ganz unterschiedliche Perspektiven haben. Oben eine Skizze nach einem Luftbild, davor ein Aquarell in freier Gestaltung, davor ein Foto. Auf S.23 eine Zeichnung.

Steht man vor den Steinen oder schaut auf den Boden, dann sieht man nicht so viel. Steht man am Rande des Heidefeldes, dann sieht man zwar „alles", aber nicht genau.

Wenn man vor Ort ist, wechselt man immer wieder die Perspektiven. Man kann sich das bewusst machen, man kann sich darauf auch bewusst konzentrieren. Sich z.B. die einzelnen Steine nur aus der Nähe ansehen.

Auch wenn man still sitzt und in Ruhe bleibt, hat man einen anderen Blick. Wenn man meditiert, erfährt man die Welt anders. Wenn man die Augen schließt, sie nach einiger Zeit wieder öffnet, sieht man die Welt mit anderen Augen. Jeder kann seine Experimente mit der Wahrnehmung machen.

Magische Stätte bei Engelmannsbäke

31

2. Visbeker Bräutigam&Braut und andere

Das größte Gebiet von Großsteingräbern ist vermutlich das nordwestlich von Wildeshausen gelegene neben der A1. Wenn man von dem Landgasthof Engelmannsbäke in das Gebiet wandert, dann stößt man als erstes auf diese magische Stätte, siehe Foto. Offiziell hat sie einen anderen Namen, den ich hier nicht wiederholen und mit dem ich mich auch nicht befassen möchte.

Die Tatsache, dass direkt bei der alten Anlage große Eichen haben wachsen können, zeigt mir, dass die Stätte lange Zeit wenig oder gar nicht beachtet wurde. Sie sollte wohl auch vergessen werden. Wenigstens ist sie nicht ganz zerstört worden. Schon schlimm, dass man überhaupt Steine gesprengt hatte. Aber das zeigt nur die intolerante Missachtung von prähistorischen spirituellen Systemen. Aber lassen wir das.

Heute sieht es so wie auf meinem Foto aus. Der große, flache Deckstein ist gut zu erkennen und die Eiche dahinter. Was sagt uns die Eiche? Was sagt uns der tote Stamm auf der rechten Seite? Vielleicht ist die Eiche auch bereits ganz abgestorben. Vielleicht hat man die Reste sogar entfernt. Ich weiß es nicht. Mein Foto ist schon drei Jahre alt. Man hat ja immer das Bedürfnis, was zu ändern. Wenn man fürchtet, ein Baum könnte mal umfallen, dann wirft man gleich die Motorsäge an.

Man kann die Anlage umkreisen. Das ist hier vielleicht sinnvoll, um in die Magie einzutauchen. Magie bedeutet, dass man Kräfte aktiviert, Kräfte einer anderen Zeitepoche, eines anderen Daseins, einer tieferen Erdverbundenheit. Magie hängt immer ab von dem, was man selbst dort macht. Die meisten gehen vorbei. Schauen kurz, machen ein Foto, und weiter geht es: Was gibt es hier noch zu bestaunen?

Magie verlangt immer Versenkung.

Magie verlangt immer Beschwörung.

Magie verlangt immer, dass wir die Geister der Natur rufen.

Der Leser kann das Foto dafür nutzen.

Es ist nicht falsch, in Träumen zu leben, es ist nicht falsch in einem magischen Universum zu leben. Früher hatte ich auch mal an den allgemeinen Fortschritt geglaubt, der darin besteht, dass man Ebenen hinter sich lässt, geistige Ebenen, also zum Beispiel das *kindliche* oder das *magische Bewusstsein*. Heute denke ich, dass man es sehr wohl noch leben kann. Das ist sinnvoll.

Die Weltgesellschaft sollte sich aus meiner Sicht allerdings mal von ihren fürchterlichen Primitivitäten lösen. Dazu gehören absolutes Besitzdenken, dogmatisches Denken, besonders im Bereich der Religionen, auf nur eine Sache fixiertes Denken, selbstgerechtes Denken, der schon erwähnte Gigantismus der Wirtschaft, männlich-dominantes Denken, Ausbeutungsdenken gegenüber der Natur etc.

Die Träume und die Magie der Naturmenschen sind relativ harmlos. Ich zwinge niemandem etwas auf. Ich unterdrücke niemanden. Ich lasse die Erde, wie sie ist. Ich begradige keine Flüsse, ich baue keine Staustämme, die den Fluss behindern, die das fließende Chi stocken, ich vertiefe keine Fahrrinnen in den Flüssen, ich überbaue nicht das ganze Land, sogar guten Ackerboden, mit immer noch mehr und noch mehr Häusern.

Wer etwas gegen *Naturmagie* hat, der sollte sich besser mal den Wahnsinn der angeblich so normalen Wirtschaft ansehen und der davon völlig abhängigen Politik.

Naturmagie ist schön und zauberhaft. Zauber muss man wollen, muss man zulassen. Die Natur ist voll davon. An den alten Kultstätten gibt es genug. Es entzieht sich jedoch dem Machtanspruch des Menschen. Wenn Menschen mit solch einem Anspruch kommen, dann verschwindet der Zauber sehr schnell. Die Macher sind meistens Egoisten, besessen von ihrer Idee, die sie umsetzen wollen. Das gilt auch für Esoteriker wie diese Geomanten. Sie können nicht Ruhe geben. Sie brauchen Aktionen, spektakuläre, und devote Anhänger, die dafür große Summen zahlen.

Ich frage mich heute, ob das zu der Zeit, als die Großsteingräber entstanden, nicht auch so war? Haben sich damals nicht vielleicht auch eher die Macher durchgesetzt? *Also Leute, wir stellen 100 Steine in einer Reihe auf! Jeder Stein steht für eine Familie! Alles zusammen für unseren Stamm!* Die Errichtung erforderte ja Organisation, Einteilung

33

der Arbeitskräfte, Planung, Versorgung der Arbeitenden mit Nahrung. Eine große Aktion also.

Wenn ich heute an den vielen Steinen der Visbeker Braut oder des Visbeker Bräutigams vorbei gehe, dann sehe ich es anders, als es vielleicht ursprünglich einmal gemeint war. Für mich wirkt alles magisch in dem Wald. Wie aus einer Märchenwelt. Einer Sagenwelt, obgleich mir diese Sage von der Braut und dem Bräutigam eher lächerlich vorkommt. Jedenfalls sagt sie mir rein gar nichts!

Worin besteht sie, die Magie der Steinreihen?

Kann ich sie in Worte fassen?

Die Steine sind wie eine überdimensionale Kette. Die Glieder der Kette sind verbunden, bilden ein Ganzes, bilden einen Kreis. Die Anlagen hier und an anderen Orten sind lange Rechtecke.

Warum haben sie keine Kreise geschaffen? Vielleicht war das mit den langen Rechtecken besser zu organisieren. Oder man konnte anbauen, so dass die Anlage allmählich größer wurde. Vermutlich sind sie über einen Zeitraum von Jahrhunderten entstanden. Erst in heutiger Zeit muss alles schnell gehen und möglichst rasant durchgezogen werden. Obgleich, auch heute gibt es ja so Bauvorhaben, die sich wegen der Korruption endlos hinziehen.

Trotzdem bleibt für mich die Frage, warum diese Rechtecke?

Es war am Ende wohl praktischer. Das Praktische setzte sich durch. Nicht so sehr der visionäre Schamane hatte das Sagen, sondern der große Praktiker des Stammes.

Oder war alles wie ein langer Körper, in der Mitte das Zentrum, das Herz sozusagen, die zentrale Grab- und Kultkammer? Der symbolische Körper des ganzen Stammes, zu dem alle gehörten, in dem alle vereinigt waren, geschützt, nach innen und nach außen. Ein langer, liegender Erdkörper. Bewahrt für die Ewigkeit. Ein erdverbundener Kult der Ewigkeit.

Mit der Magie der Stammesverbundenheit wird auch heute gearbeitet, bzw. man lebt sie einfach, auch wenn sie keiner so nennt. Ob Eucharistiefeier oder Grillfest im Garten, am Ende geht es darum. Wir sind ein Stamm und das wollen wir uns gegenseitig versichern. Die Steine, die langen Rechtecke der Grabanlagen bewahren das weit über die eigene Zeit, das eigene Leben hinaus. Auch die Toten gehören dazu. Auch die Vorfahren vor zig Generationen. Der einzelne Mensch zählte nicht, sondern die ganze Gemeinschaft. Die Gemeinschaftsseele war wichtiger als die Individualseele. Letztere war nur ein Teil von etwas Größerem.

Heute kreisen die meisten um sich selbst: Ich, Ich und nochmals Ich.

Naturmagie heißt in der Hinsicht auch: Ich bin nichts, der Wald ist alles, ich bin nur ein Baum im Wald, mehr nicht, und im Wald leben außerdem viele andere Pflanzen und Tiere. Damals gab es hier keinen Wald. Tundra. Weites, weites Land. Ziehende Herden von Tieren, von denen die Menschen damals lebten. Als Jäger wie die Wölfe. Ob nun Waldland, wie heute, oder Tundra, um den großen Kreis des Lebens ging es zu allen Zeiten. Wer dagegen verstieß, der wurde verstoßen. Das war hart, aber natürlich. Wer das Gesetz vergessen hat, lebt falsch, lebt Falsches. Heute leben viele das Falsche und begreifen es nicht einmal. Sie meinen in ihrem Wahn, die Gesetze der Natur würden nicht für sie gelten. Sie gelten aber für alle. Wer zu viel für sich will, wird am Ende nichts haben. Nach der Hybris kommt immer der Untergang. Wollen sie nicht immer aus der Geschichte lernen? Wenn sie es denn man täten! Sie wiederholen nur die Fehler.

Magie bedeutet eben auch, die bösen Mächte und Geister zu erkennen. Sich von ihnen fernzuhalten, sie fortzuschicken. Geht fort! Geht weg, wir wollen euch nicht! Wir lassen uns und unser Land von euch nicht zerstören! Das war immer heiliges Gesetz.

So bewahren die alten Steine heiliges Eigentum, das aber Gemeineigentum ist, also allen gehört.

Gemeineigentum, wer versteht es noch? Die Erde gehört allen, das Leben gehört allen, das Leben gehört allen Lebewesen, dem ganzen Wald. Der Mensch hat dagegen verstoßen. Er hat sein Leben auf der Erde verwirkt. Er kann abtreten. Ich sehe nicht mehr, wie man das noch wenden könnte. Vor allem jetzt nicht, wo überall die Verrückten herrschen und neue Verrückte lüstern auf die große Macht sind. Gemeineigentum, das verlangt ein ganz anderes Denken. Man müsste sie rufen, die guten Geister einer harmonischen Gemeinschaft. Nur, wer tut es?

35

Wer und wo? Die Politiker schreien herum. Sie schreien immer herum. Warum? Weil sie Lügner und Betrüger sind. Die Wahrheit kommt leise daher. In der Eucharistiefeier wird eine höhere Gemeinschaft beschworen, aber das ist zu schwach und die Mächtigen machen eh nicht mit. Die klugen Leute sind immer nur skeptisch und stehen abseits.

Wie haben die Menschen der Megalithkultur ihre Gemeinschaft beschworen? Was waren die Gebete, die Gesänge? Wir wissen doch nichts, denn es gibt keine Aufzeichnungen, nichts.

Am schönsten finde ich die Grabanlage, die nicht weit von der A1 liegt. Man hört sie, die durch den Wald geschnittene Autobahn, den endlosen Verkehr, die endlosen Schlangen der Lastwagen. Das ist die gigantische Maschine des Kapitalismus, die den ganzen Planeten am Zerstören ist.

Welche Ahnen bewahrt dieser Ort?

Warum hatte ich ein Foto für mein Waldbuch ausgewählt?

War und ist es diese besondere, harmonische Verbundenheit mit dem Wald? Aber die Zeit der Tundra war doch längst vorbei, als sich hier der Wald ausbreitete. Heute hingegen wirkt diese Anlage wie ein letzter Waldhüter, ein Hüter der Stille gegenüber der A1. Richtig still ist es hier allerdings niemals, denn die Verkehrsmaschine läuft permanent.

Sie ist ein böser Drache, ein Monster. Aber es gibt keinen Siegfried mit einem Schwert. Balmung. Ein Schwert ist eine Waffe, eine besondere Kraft, eine Methode, eine sehr starke Energie, die etwas Unheilvolles aufhalten kann, oder besser könnte. Es gibt keinen Siegfried, es gibt kein Schwert. Es gibt nur verrückte Lastwagen, die auf den Straßen der Welt durch die Landschaften und die Wälder heizen und die Luft verbrennen. Sie verbrennen in ihrem Wahn alles. Es müsste einen Drachentöter geben, denke ich, einen neuen Siegfried.

Ist mein Waldhüter eine Art Siegfried der Steinzeit, den nichts aufwecken kann, der hier seit ewigen Zeiten ruht? Welche Magie könnte ihn wecken?

Wenn ich mir den Lageplan der fünf Gräber ansehe, dann gewinne ich keine Erkenntnisse. Ernst Sprockhoff hatte in den sechziger und siebziger Jahren des letzten Jahrhunderts Atlanten der Großsteingräber herausgegeben. Eine mühselige, aufwendige Arbeit. Den Ort besuchen, Steine zählen, den Zustand beschreiben, eine Skizze anfertigen etc.

Nördlich von dem langen Visbeker Bräutigam liegen zwei Grabanlagen, in mehr westlicher Richtung, südlich zwei weitere, mehr in östlicher Richtung. Grab II, der sogenannte Brautwagen liegt am östlichsten, imposant und sehr gut erhalten. Grab III liegt in der nordwestlichen Ecke eines großen Rechtecks.

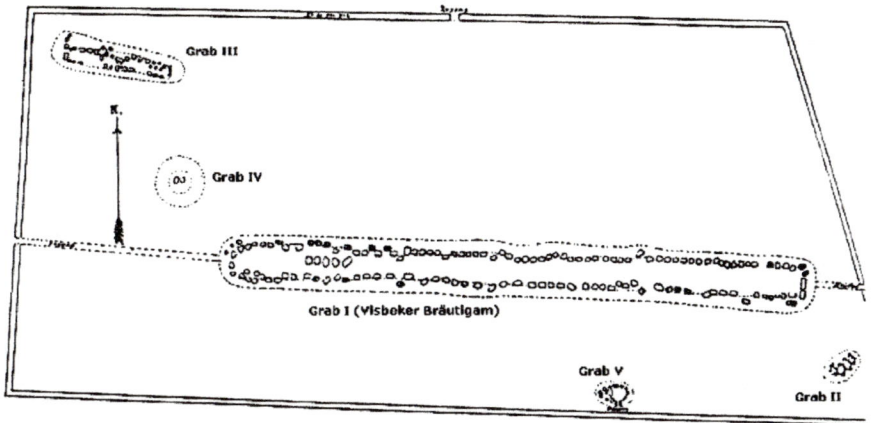

Der Lageplan von Ernst Sprockhoff wirkt so archaisch wie die Gräber. Es mag alles akribisch genau sein, oder so genau wie möglich. Nur die Magie erfassen wir damit nicht. Auch nicht mit den GPS-Koordinaten, die Thomas Witzke auf seiner Website auflistet.

Hatten die kleineren Anlagen etwas mit sozialen Rängen zu tun? Waren es besondere Persönlichkeiten, die sich schon immer vom normalen Volk abgrenzen wollten? Sie waren ja wertvoller, bedeutsamer, wichtiger. Selbst Schamanen und Priester mussten das oft betonen. Im Leben hatten sie ihr magisches Zelt oder Haus abseits von den anderen.

Hatten die anderen Anlagen eine spirituelle Bedeutung? Kräfte der Erde oder kosmische Kräfte? Vielleicht bleiben uns, bleiben mir am Ende immer nur Fragen, die nicht beantwortet werden können.

Beim sogenannten „Brautwagen" habe ich nichts gespürt, es hat mich nicht dort hingezogen. Nach meinem Gefühl waren es nur große Steine.

37

Beim Grab III, Nr.934 nach Sprockhoff, war das anders. Hier hatten vielleicht die entscheidenden Rituale stattgefunden. Hier war vielleicht der Ort der Schamanen der damaligen Gemeinschaft. Hier wurden vielleicht Initiations-Riten durchgeführt. Kraft und Bewahrung, Schutz und Abwehr des Stammes beschworen. Genau darum geht es bei der Magie, dies zu beschwören. Das ist übrigens bei heutigen Politikern nicht anders. Man muss nur durchschauen, was und wie sie es machen.

Die anthropologischen Elemente bleiben die gleichen. Kraft. Schutz. Nahrung und gutes Leben. Abwehr des Bösen. Hilfe von den Göttern. Unsere Zaubermethoden mögen bessere sein, technisch, wissenschaftlich fundiert, aber am Ende, am Tor des Todes, stehen wir genauso hilflos und machtlos da wie vor 10.000 Jahren!

Der Vorteil der Magie besteht für mich darin, dass ich sie frei und autonom praktizieren kann. Ich brauche keinen Priester, keinen Arzt, schon gar nicht einen Politiker, und einen Psychiater erst recht nicht. Man muss autonom sein, völlig selbstständig.

Grab 3 bei Visbecker Bräutigam

38

Heidealtar, Visbecker Bräutigam von Osten

Wer das Uralte
erfahren will,
muss den
magischen
Weg gehen.

Visbecker Braut

41

Visbecker Braut, Grabkammer, westliche Steine

Die sogenannte Visbecker Braut ist wie der Visbecker Bräutigam ein langes Grab. Wie man auf dem Foto sehen kann, ist das Grab leer und die Decksteine sind fort. Wo sind sie? Wenn man sie nicht zertrümmert hat, dann müssten sie irgendwo liegen. Auf einem Friedhof? Auf einem Grundstück? Vor einem Bauernhof als Zeichen des Besitzes mit dem eigenen Namen darauf? Immer wieder stellt sich die Frage: Wer macht so etwas?

Bei meinem letzten Besuch (2018) empfand ich das leere Zentrum wie ausgeräubert. Als hätte man mir meine persönlichen Ahnen gestohlen.

Bei Bernd Rothmann lese ich, dass der schräg liegende Stein (auf dem Foto links hinten) ein Deckstein sein könnte. Das ist gut möglich. Er kommt mir auch deplaziert vor. Mein Eindruck der leeren Grabkammer bleibt allerdings bestehen.

Die Steine am Westende kann man als Wächter- oder Hütersteine verstehen. Aber gegen die Menschen oder gegen die Zeiten gibt es kaum einen Schutz.

Auf den beiden rechten Wächtersteinen, von der Grabkammer aus gesehen, kann man Gesichter erkennen.

Man schaue sich das Foto an. Man fühle sich ein. Man sollte offen sein, aber nichts erwarten oder auf ein bestimmtes Ergebnis fixiert sein. Es gibt keine eindeutigen oder „objektiven" Botschaften.

Gesicht auf einem der Wächtersteine der Visbecker Braut

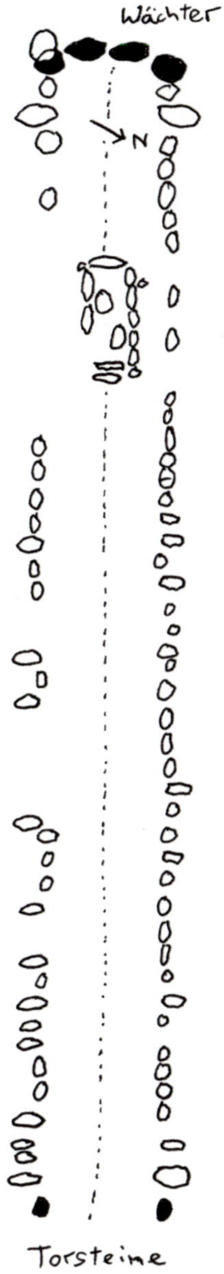

Wächter

Torsteine

Visbecker Braut

die endlose Kette der
vielen Generationen
der lebenden Ahnen
in lange, lange
vergangenen Zeiten

heute der schmale Pfad
von Osten
von der Torhütern
nach Westen
zu den Wächtern
der anderen Welt

die leere Kammer
musst du füllen
mit deinen Träumen

frage die Hüter
frage die Wächter

folge dem Pfad
in die vergangene Zeit

spüre die Kräfte
der uralten Steine

Silent Wolf 2018

45

Wer hütet die Großsteingräber?

Wer hütet eigentlich die Großsteingräber?

An vielen Stellen ist mir aufgefallen, dass es bei den Großsteingräbern alte, starke Eichen gibt. Wird eine Anlage selten oder gar nicht besucht, dann sind die Eichen besonders stattlich. Leider wachsen dort dann oft auch viele Brombeeren, was einen Besuch erschweren kann.

Das Gegenstück sind Anlagen, bei denen sich die Behörden „verantwortlich" fühlen, was sich dann daran zeigt, dass sie immer mal wieder Bäume fällen lassen, oder „Gestrüpp" entfernen. Den Zivilisationsmüll räumen sie allerdings nicht so begeistert fort.

Die großen Eichen sind kräftige Baumhüter.

Mir war das einmal im Süden von Rügen (Lancken-Granitz) aufgefallen. Auch an verschiedenen Stellen in der Altmark war mir das besonders aufgefallen, so bei Memke, Stöckheim oder Bierstedt.

Wenn man die Grabanlage und damit die Bäume in Ruhe lässt, dann können sie zu stattlichen Eichen heranwachsen. Das mag für das Grab nicht immer von Vorteil sein. Aber ich habe nichts gegen die großen Eichen. Sie passen gut zu den alten Steinen. Sie passen gut zu den archaischen Plätzen. Sie sind immer dort, denn die Menschen kommen selten oder gar nicht. Die Handlanger der Behörden mit ihren Sägen können nur zerstören, aus meiner Sicht.

Und naturspirituelle Hüter eines Ortes? Es mag sie geben. Allerdings habe ich auf all meinen Touren bisher keinen getroffen, leider!

46

sechs Eichenhüter um ein Grab bei Lancken-Granitz, Rügen

47

8. Pestruper Gräberfeld und Kleinenknetener Steine

Sowohl das Pestruper Gräberfeld als auch die Kleinenknetener Steine befinden sich südlich von Wildeshausen. Ich behandle sie hier gemeinsam, weil sie sich nicht weit entfernt voneinander befinden. Das Gräberfeld stammt aus der Bronze- und Eisenzeit, die Kleinenknetener Steine aus der jüngeren Steinzeit.

Das Gräberfeld besteht aus 530 kleinen, flachen Grabhügeln auf einem Gebiet von 30 ha. Manche der Grabhügel sind durch landwirtschaftliche Nutzung zerstört worden. Dennoch ist das ganze Areal heute eine relativ freie Fläche. Einzelne Birken, einzelne Kiefern. Ab und zu wird etwas abgesägt, damit das Gebiet nicht zuwächst. Im südlichen Teil stehen die meisten Bäume. Dort finden sich auch einige Ecken, die gut für kleine Rituale geeignet sind. Meistens war ich dort recht ungestört. Besonders schön ist das Gelände, wenn der Himmel blau ist, wolkenlos. Bei Regen oder trübem Himmel sollte man den Ort eher nicht besuchen. Die Sonne sollte scheinen, denn dann haben wir immer leichter einen Zugang zur jenseitigen Welt, wie ich finde.

Bei den heute noch sichtbaren Hügeln muss grundsätzlich zwischen drei Typen differenziert werden: Die Mehrheit der Hügel markiert einen durch eine Höhe von kaum mehr als 1,50 m charakterisierten Grabtypus. Im Norden des Gräberfeldes indes stößt man auf einen zweiten Typus. Diese größeren, im oberen Bereich abgeflachten Hügelgräber nannte man „Königshügel". Lange verfiel man dem Glauben, hier seien bedeutende Personen zu Grabe getragen worden. Erst Ende der 1950er Jahre widerlegte die Untersuchung eines „Königshügels" diese These grundlegend: Man enttarnte den Hügel nicht etwa als Grablege der Bronzezeit (ca. 2000-700 v. Chr.), sondern schlicht als bronzezeitlichen Verbrennungsplatz. Erst in der vorrömischen Eisenzeit (ca. 700 v. Chr. – Chr. Geb.) ließ man nachträglich einige Graburnen in den Hügel ein. Zudem stieß man auf unerwartete Spuren - auf Spuren einer Siedlung aus der ausgehenden jüngeren Steinzeit.

Den dritten Grabtypus bilden rund 14 hochackerähnliche, langgestreckte Wälle im Zentrum des Gräberfeldes. 1959 untersuchte man einen dieser so genannten „Langhügel" und gelangte auch hier zu überraschenden Erkenntnissen: Der etwa 40 cm hohe, 8 m breite und 33 m lange Wall barg ein Knochenlager mit einer eisernen Nadel in sich. Zugleich überdeckte er nahezu vollständig einen weiteren Grabhügel. Unter diesem Grabhügel wiederum entdeckte man eine Scheiterhaufenbestattung mit eisernen Beigaben (Gürtelhaken und Schnallen) sowie zwei Tongefäßen. Nach eingehender Untersuchung stand fest, dass der untere Grabhügel eindeutig als der ältere betrachtet werden muss. Der Wall wurde somit erst später angeschüttet. Allerdings veranlasste die zeitliche Nähe der Beigaben von Wall und Hügelgrab zu dem Schluss, dass beide Bestattungen in nur kurzer zeitlicher Distanz erfolgten (um 400 v. Chr.). Außerdem spürte der Grabungsleiter J. Pätzold unter dem Grabhügel alte Pflugfurchen auf, die er als Zeugnisse rituellen Pflügens, d.h. im Kontext damaligen Totenkultes interpretierte. Eine endgültige Datierung aller Bestattungen ist nach den bisher vorliegenden Untersuchungen nicht möglich. Das Gros der Grabfunde entstammt der älteren vorrömischen Eisenzeit; allerdings wurde auch eine etwa 50 cm lange Schwertklinge geborgen, die eindeutig in der älteren Bronzezeit angefertigt wurde.

Beim Pestruper Gräberfeld wurde die Asche der Verstorbenen mehrheitlich in Urnen beigesetzt. Doch stieß man bei Grabungen auf einen interessanten Fund: In einigen Gräbern wurde der Leichenbrand nicht etwa fein säuberlich von seinen Brandrückständen getrennt und anschließend in eine Urne gefüllt, sondern samt Leichenbrand, Holzkohle und vor allem samt der (gleichermaßen verbrannten) Beigaben direkt mit Erde überhügelt.

(Quelle: http://www.steinzeitreise.de/pestrup.php)

Soweit ein paar historische Fakten aus dem Internet. Was lernen wir daraus, oder was wollen wir daraus lernen? Eigentlich wissen wir doch nicht viel, wenn wir ehrlich sind. Es bleibt am Ende alles eher vage. Über die Rituale für die Verstorbenen wissen wir nichts. Wenn alles verbrannt wird, dann verschwindet am Ende alles im Grabhügel. Warum sollte man da auch noch trennen, zwischen körperlichen Resten, dem Holz und der Erde?

„Königshügel" ist eine typische Bezeichnung für etwas, das man als großartig und einfach als groß empfunden hat. „Teufelssteine" und „Hexenstein" (es gibt einen nördlich von Wildeshausen) sind typische Diffamierungen, die auf der Ablehnung und Abgrenzung durchs Christentum basieren.

Wer heute über das Gräberfeld geht, wird vermutlich keine Bezeichnung haben. Die meisten gehen einfach spazieren. Vielleicht lesen sie „größte bronze- und eisenzeitliche Nekropole des nördlichen Mitteleuropa", vielleicht erfreuen sie sich auch nur an dem leeren Feld, dem Heidekraut und den vereinzelt stehenden Birken.

Kleinenknetener Steine, Hühnenbett II

Vor vielen Jahren habe ich mal ein kleines Medizinrad am westlichen Rand aus Findlingen gelegt, ca. einen Meter Durchmesser. Aber das ist mehr als dreißig Jahre her. Spuren sind nicht mehr zu finden. Warum auch? Alles vergeht und verschwindet.

Damals dachte ich noch, ich müsste auch eine Spur hinterlassen. Heute denke ich das nicht mehr. In der Regel hinterlasse ich keine Spuren mehr. Medizinräder lege ich nur selten. Ich bin nur zu Besuch an dem Ort, ich wohne nicht in der Nähe, z.B. im Süden von Wildeshausen.

Ich komme, ich verehre, ich gehe wieder. Ich heiße nicht Caesar, der unbedingt für sich und für Rom etwas erobern wollte. Ich will auch nichts beweisen, wie mancher Geomant. Die einfache Verehrung muss reichen. Das ist nicht spektakulär und ein Seminar kann man darüber auch nicht machen.

Das gilt auch für die Kleinenkneter Steine, die sich in einem kleinen Wäldchen befinden. Vom Gräberfeld kann man diese Megalithanlage gut zu Fuß erreichen.

Hühnenbett I ist ein langer, rechteckiger Hügel, den man schön umrunden kann. In der Mitte befindet sich eine Grabkammer, in die man gebückt hineingehen kann. Wenn man allein ist, kann man in der Steinkammer trommeln. Hühnenbett II (siehe Fotos) wurde ausgegraben und die Steine liegen frei. Hier kann man drei Grabkammern erkennen.

Damals, als diese Anlage errichtet wurde, was gab es damals?

Keine Straßen, keine Maschinen, keine Gebäude, keine voll gebaute Welt. Heute ist die Welt definitiv voll gebaut! Und es reicht den Menschen immer noch nicht. Noch mehr Häuser, noch mehr Logistikzentren, noch mehr Hochhäuser, noch mehr und mehr und immer weiter.

Dabei kann ich mir gut vorstellen, dass es auch damals schon die beiden Ansichten gab. Wir müssen das machen! Wozu den ganzen Aufwand? Wir müssen, die Ahnen fordern es, die Götter wollen es – nein, wir müssen es überhaupt nicht.

Auf welcher Seite stand ich damals? Ich kann mir nicht vorstellen, dass ich ein Bauleiter war. Oder doch? Eher kann ich mir vorstellen, dass ich für ein Ritual zuständig war, aber dann ging ich fort. Oder ich war dagegen., weil ich mehr an das Geistige glaubte und weniger an die

51

feste Materie, nichts aufhalten, nichts bewahren, nichts festhalten wollte. Die Ahnen brauchen keine Steintempel. Vielleicht dachte ich das.

Seltsam, je mehr ich das Thema der Megalithkultur verfolge, desto mehr kommt es mir größenwahnsinnig vor. Schon damals die große Aktion für alle, für den ganzen Stamm, mit großer Feier, wenn alles vollendet war. Kurzes Ritual, lange Feier. Das ist immer noch das Prinzip, denke ich, kurzes Ritual für die Ahnen, lange Feier mit Braten und Getränken satt.

Dort, wo vorher nichts war, stand hinterher eine imposante Anlage. Dort, wo vorher nichts war, steht heute plötzlich ein großes Unternehmen mit vielen LKW. Einfach so in die Landschaft gestellt. Der Gigantismus der Konsumkultur.

Es war vielleicht auch damals eine Art Rausch. Man hatte eine Idee, setzte sie mit Mühen und Anstrengungen durch, feierte sich selbst und sein Werk. Hier steht unser Ahnentempel! Hier steht unser Tempel für alle Zeiten, nichts wird ihn zerstören können, kein Wind, kein Regen, kein Feuer, einfach nichts, denn er ist aus den Steinen der Ewigkeit gebaut.

Wenn wir heute eine Anlage umrunden, können wir das spüren. Wenn wir die Steine berühren, dann können wir die Ahnen fühlen. Die Steine berühren, die Augen schließen, warten, bis sie sich melden.

Heute sind wir gewohnt, überall ins Internet zu gehen. Wir brauchen ein Smartphone dafür. Damals waren es spirituelle Menschen gewohnt, überall in die Welt der Geister zu gehen, wie auch immer, mit Gesängen, mit Meditationen, mit Trommeln etc. Das kann man heute immer noch machen. Die alten Grabanlagen sind Tore in eine andere Welt. Gehe hindurch, sagen sie dir.

Diese imaginären Tore gibt es überall.

Man muss sie erkennen und hindurchgehen.

Am Anfang muss man sich sehr intensiv vorstellen, dass sich an einer bestimmten Stelle ein Tor befindet, eine Schwelle zwischen zwei Welten. Stehen zwei Bäume eng beieinander, dann kann jeder ein Tor erkennen. Wenn man eine Steinanlage erst einige Male umrundet, dann kann eine Lücke zwischen zwei größeren Steinen so ein Tor sein.

Man sollte auch um Erlaubnis fragen, innerlich, denn es steht ja kein realer Torhüter vor uns. Aber die geistigen sind da. Wenn wir nicht an sie glauben, dann sollten wir besser gehen. Natürlich, in der materiellen Welt, in der die meisten leben, können wir überall eindringen. Der heutige Mensch tut es, überall und jeden Tag. Er dringt in alles ein und fragt keinen mehr, weil er schon lange keine Achtung und keinen Respekt mehr hat, nicht vor Göttern, nicht vor Menschen, nicht vor der Natur. Er ist der rücksichtslose Eroberer geworden.

Den Kult des Eroberers lehne ich heute entschieden ab. All die Männer, die jede *terra incognita* erobern mussten. Angeblich immer zum Wohle der Menschheit, was eine glatte Lüge ist. Es ging um ihren persönlichen Ruhm und um die Erschließung von Ressourcen.

Wenn wir die Kraftquelle der Ahnen anzapfen wollen, dann müssen wir um Erlaubnis bitten. Dann müssen wir eine *Gabe* für die spirits mitbringen. Ich mag das Wort „Opfer" nicht. Es ist von der jüdisch-christlichen Tradition unglaublich verhunzt worden. Sie haben ja immer die Nordvölker und deren Religion mit „Menschenopfern" in Verbindung gebracht und das als Grund ihrer Ablehnung hingestellt, dabei haben sie, genau sie selbst, haufenweise Menschen geopfert, nicht zuletzt ihren Religionsstifter, was sie dann noch als „gottgewollt" uns verkaufen wollen. Aber lassen wir das Thema.

Wir sollten den Geistern der Ahnen und des alten heiligen Ortes eine Gabe mitbringen. Essen, Blumen, Tabak – es gibt viele Möglichkeiten. Selbst ein paar Blutstropfen sind denkbar, wenn wir uns mit einem Dorn in einen Finger stechen. Auch Kupfermünzen sind denkbar. Am Ende ist das nämlich nur Metall, das aus der Erde kommt und Mutter Erde zurückgegeben wird.

3. Siebensteinhäuser

Die Siebensteinhäuser sind eine Megalithanlage etwa in der Mitte von Niedersachsen. Sie liegt auf einem Truppenübungsplatz und kann nur am Wochenende besucht werden.

Sie hat zwar den offiziellen Namen „Siebensteinhäuser", es sind aber nur fünf Gräber vorhanden, die A, B, C, D und E genannt werden. Um die Gräber vor Granaten zu schützen, wurden Erdwälle um sie errichtet, ca. sechs Meter hoch. Das ist schon bizarr: Man muss Großsteingräber vor Granaten schützen. Der Krieg, die Übung für den Krieg ist dem modernen Menschen wichtiger als die Bewahrung des Alten und letztendlich die Bewahrung der Erde. Außerdem sind die einzelnen Anlagen heute mit Holzzäunen eingefasst. Da stellt sich die Frage: Wer ist hier eingesperrt?

Es ist eigentlich sehr schade, dass die Anlage auf einem Truppenübungsplatz steht, umgeben von den Erdwällen. So hat man keine richtige Verbindung zur Landschaft.

Irgendwann ist das hoffentlich vorbei.

Irgendwann ist der Truppenübungsplatz vielleicht ein Refugium für Wisente und Wölfe. Die letzteren sind ja schon da.

Mit Hilfe von einigen Aquarellen habe ich mir vorgestellt, wie die Landschaft in der Nähe der Siebensteinhäuser einmal gewesen sein könnte. In dem Fall war das Malen für mich eine Reise zurück in die Vergangenheit, in die Steinzeit. Der kreative Prozess ist dann wie beim schamanischen Trommeln der Weg in eine andere Zeitepoche.

Aber man kann es auch einfach dadurch versuchen, indem man etwas länger bei den Steinhäusern verweilt. Dann sieht man andere Besucher kommen und wieder verschwinden. Dann ist mal Ruhe. Dann kommen wieder welche, die dann auch wieder verschwinden. So wie die Steine, die hier immer bleiben und die alte Zeit hüten, bleibt man länger da als üblich.

Man bleibt bei den Steinen und stellt sich einfach vor, man müsste jetzt hier für immer verweilen. Man kann bei der großen Steinplatte sitzen und seine Steinzeit-Meditation durchführen. Dafür gibt es kein festes Programm, keine Regeln, keine Anweisungen, nichts, überhaupt nichts, man meditiert einfach.

Allmählich verändert sich dann das ganze Daseinsgefühl. Man fällt aus der Zeit, auch wenn man natürlich weiß, dass man spätestens gegen 18 Uhr bei der Kontrollstation der Bundeswehr sein muss. Sonst kommen sie einen holen und es gibt Ärger. Sie behalten heute (2018) den Personalausweis an der Station.

Die Anlage D ist die größte. Rechts von der Mitte ist gut die große Deckplatte zu erkennen. Man kann unter diese kriechen und sich mit den Ahnen dieses Ortes verbinden. Trommeln ist möglich, aber am besten nur dann, wenn gerade sonst niemand den Ort besucht und man für sich sein kann. Vor vielen Jahren habe ich hier eine Statuette der Göttin vergraben. Ob ich das heute noch tun würde, weiß ich nicht. Ich habe schon sehr lange nichts mehr vergraben. Heute denke ich, dass meine reine Anwesenheit und meine geistige Verbundenheit genügen. Vor dreißig Jahren dachte ich, dass ich Bleibendes hinterlassen müsste, z.B. kleine Halbedelsteine, Bergkristalle etc. Jeder kann es so machen, wie es ihm sinnvoll erscheint. Es werden ohnehin nicht viele Menschen tun,

55

so dass ein Überhandnehmen wohl ausgeschlossen bleibt. Wer kriecht unter ein Großsteingrab, um dort einen kleinen Aventurin oder einen Bergkristall zu vergraben?

Bei christlichen Kultstätten ist mir das oft zu viel des Guten. Unmengen von Kerzen, Kreuzen, Rosenkränzen etc. Ich verstehe die Menschen schon, sie wollen, weil sie letztendlich eher unbedeutende Menschen sind, mit dem Großen, mit dem Großen Geist, mit Gott oder Maria verbunden sein und bleiben. Das ist in Ordnung. Bei christlichen Kultstätten hinterlasse ich nichts, ich muss nicht auch noch eine Kerze anzünden, wenn schon hundert brennen.

Heute berühre ich die alten Steine oft nur. Das reicht auch. Sie, die Steine, wissen, dass ich mal wieder vorbeischaue. Die Naturgeister und die GROSSE MUTTER wissen es ohnehin.

Anders als bei der Glaner Braut gibt es hier jedoch keine persönlich-archaische Verbundenheit. Meine Ahnen waren nicht hier. Die Gegend um Walsrode ist eine andere Region, nicht meine. Ich komme von der Wildeshausener Geest.

Vor zig Jahren sah es hier anders aus. Dann wären die Gräber einsturzgefährdet, wie man sagte. Also wurde die ganze Anlage renoviert. Mit modernen Hilfsmitteln, wissenschaftlich abgesichert, das versteht sich. Eine schamanische Beratung hat man sicher hier nicht gewünscht, denn das sind für Behörden nur „Spinner".

Ich habe schon oft die Erfahrung gemacht, wenn Behörden etwas renovieren, dann sieht es hinterher nicht besser, sondern schlechter aus. Es wird dann seltsam tot. Als hätte man etwas vertrieben.

Vielleicht haben sich die Geister, als sie die Leute spürten, diese Macher vom Dienst, als sie das schwere Gerät und den Lärm hörten, erst einmal zurückgezogen. Vielleicht kommen sie später zurück oder auch nicht. Wer will das genau sagen? Man müsste dafür den Ort genau beobachten, also öfters dort sein. Das ist mir bei den Siebensteinhäusern nicht möglich. Höchstens einmal im Jahr kann ich dorthin fahren.

Hier ist ein älteres Foto vor der Renovierung aus dem Jahre 2011.

56

Foto der Grabanlage B mit Fichte, 2011

57

Damals war dies eine lauschige Ecke. Die Fichte hat man bei der Renovierung natürlich abgeholzt, und hinter dem Zaun gleich weitere. Buschwerk und kleine Bäume mussten ebenfalls entfernt werden. Jetzt ist es eine kahle Anlage geworden. Warum hat man die Fichte überhaupt so groß werden lassen? Man lässt etwas zehn, zwanzig Jahre in Ruhe. Dann kommt irgendein Behörden-Beamten-Mensch auf die Idee: *Jetzt müssen wir da aber mal was tun!* Und sofort werden immer erst einmal Bäume gefällt, dann sieht man schon mal klarer. Es ist überall das gleiche Spiel. Erst einmal müssen die Bäume weg!

Ob die Natur durch ihre Art der Gestaltung etwas geschaffen hat oder nicht, dass ist den Kopfmenschen egal. Sie sehen und erkennen es nicht. Einen Schamanen fragen sie nicht um Rat. Es gibt keine Geister. Das sagte ihnen schon der Pastor im Konfirmandenunterrricht, obgleich er immer vom heiligen Geist *faselte*, aber das verstand eh keiner richtig und war völlig abstrakt. Nein, der Natur gesteht man keinen Gestaltungsraum mehr zu.

Holozän, Anthropozän. Das Zeitalter des Menschen, denn jetzt gestaltet der Mensch alles. Die Natur darf es nicht mehr.

Naturmenschen sehen das komplett anders. Sie möchten, dass die Natur weiterhin die große GESTALTERIN, die große WEBERIN ist, nicht der Mensch mit seinen Technologien.

Die Anlage B ist heute von ebenem Rasen umgeben. Das ist die tote Ästhetik der Techniker. Der Fichtenhüter ist weg. Was braucht es einen Baumhüter, wenn es einen Beamten in einer Behörde gibt?

„Anthropozän" und MUTTER ERDE

Ich halte es zum einen für eine unglaubliche Hybris vom „Anthropozän", also dem geochronologischen Zeitalter, bei dem der Mensch der große Gestalter der Erde ist, zu sprechen. Zum anderen gibt der Begriff nicht annähernd das wieder, was der Mensch tatsächlich auf der Erde betreibt, nämlich eine nicht mehr zu fassende Zerstörung der Biosphäre.

Was immer man nimmt, Klima, Böden, Meere, immer geht es um eine ungeheure Zerstörung. Ich habe dafür jetzt kein Verständnis mehr. Mich interessieren auch keine Analysen mehr. Die Zeit dafür ist vorbei. Der Mensch wollte nicht lernen. Gut, dann soll er verschwinden. Das vom ihm verursachte Artensterben wird dann eben auch ihn treffen.

Wir bräuchten jetzt und heute eine neue Orientierung an MUTTER ERDE. Die hellsichtigen, kritischen Indianer haben das alles bereits vor mehr als vierzig Jahren gesagt. Die echten Ökologen ebenfalls. Hören wollte es kaum einer.

Und heute? Immer noch nicht. Jedenfalls nicht so, wie es die Erde verdienen würde.

Mir geht es in diesem Buch um die Großsteingräber. Es ist gut, dass viele vergessen sind. Es ist gut, dass man vieles einfach in Ruhe lässt. Und gelassen hat, denn sonst würden dort keine großen Eichen stehen!

Es ist also gut und sinnvoll, wenn die Natur die Regie übernimmt, wenn sie auf ihre Weise den Ort neu gestaltet.

Wenn man so *renoviert*, wie bei den Siebensteinhäusern, dann hat die Natur keine Chance. Sie wird hinter den Zaun verbannt. Aber auch dort wird man ihr zu Leibe rücken, wenn es irgendeinem Behördenmenschen wieder nicht gefällt, dass die Bäume so groß werden oder einfach nur zu viel wächst.

5. Großsteingräber in der Altmark

Großsteingräber, die sich auf einem kleinen Hügel befinden, auch wenn sie mitten im Feld stehen, finde ich besonders ansprechend. Eines bei Nettgau, ein anderes bei Lüdelsen sind, aus meiner Sicht, besonders zu erwähnen.

Auf älteren Fotos in dem Buch „Großsteingräber in der Altmark" ist mir aufgefallen, dass es damals, Ende des neunzehnten Jahrhunderts, sehr kahl gewesen war. Keine Bäume, oder nur kleine. Heute habe ich einige große Eichen gefunden. Das ist erfreulich. Ich kann nur hoffen, dass das auch so bleibt.

Das Großsteingrab bei Lüdelsen steht auf einem kleinen ovalen Hügel mitten auf einem Feld. Zwei alte Eichen stehen dort. Eine davon hat leider schon einige tote Hauptzweige. Wer weiß, wie lange man sie noch stehen lässt. Auf jeden Fall bietet dieses Großsteingrab eine sehr ansprechende Atmosphäre. Bei Sonnenschein kann man hier wunderbar sitzen und sich ganz in die Steinzeit vertiefen. Man sitzt wie auf einer lichten Insel im Strom der Zeit.

Man kann sich hier richtig erleuchtet fühlen.

Die Steine und der Hügel verbinden einen mit der Erde, die Bäume in diesem Fall mehr mit dem Himmel. Somit hat man an diesem Kraftplatz eine harmonische Verbindung von Himmel und Erde. Wenn dann noch ein Bussard am Himmel über dem Feld kreist, ist die Situation richtig vollkommen.

Großsteingrab bei Lüdelsen, Foto: 24.10.15

61

Obgleich dieses Großsteingrab nicht weit von dem Ort Stöckheim liegt, also nicht abseits in der Landschaft oder versteckt im Wald, so ist es einer der sehr magischen Orte. Das liegt sicher auch an dem großen Deckstein, der auf östlicher Seite etwas herausragt. Es liegt aber auch an den Eichen, die um die ganze Anlage herum stehen.

Das Grab steht auf einer flachen Anhöhe und bildet einen kleinen Eichenhain. Ich denke, dass viele Besucher gerade diesen Ort als heilig und magisch empfinden werden, auch wenn sie nicht an diese Begriffe denken.

Besonders gepflegt scheint mir die Anlage nicht zu werden. Ein Schild, das vor zwei Jahren herum lag, liegt immer noch am Boden. Nun, ich bin ohnehin gegen die Schilder, denn meist werden sie recht ungünstig aufgestellt, stören somit. Für Informationen braucht man heutzutage keine Schilder mehr. Das Internet bietet da genug und sogar mehr.

Zurück zum Eigentlichen, der Magie und der Heiligkeit eines Ortes. Hier kann man relativ leicht einen Zugang finden, denke ich. Man sollte hier länger verweilen.

Großsteingrab bei Stöckheim, Foto: 8.3.15

63

Nettgau - Gladdenstedt

Ich wollte das Großsteingrab bei Nettgau besuchen. Eigentlich liegt es näher an Gladdenstedt, aber in den Büchern wird Nettgau genannt. Ich parkte mein Auto bei der Spanplattenfabrik. Eine gigantische Holzverarbeitungsmaschine. Auf dem Parkplatz standen viele große Lastkraftwagen. Am Rand des Parkplatzes viel Müll. Plastik, überall Plastik.

Der Weg in nördliche Richtung war von schweren Fahrzeugen so kaputt gefahren, dass große Pfützen auf dem Weg wie kleine Seen standen. 20 Quadratmeter oder mehr. Ich versuchte es am Rande, kam aber nicht weit. Schließlich musste ich es aufgeben.

Ich fuhr zurück nach Gladdenstedt, um aus nördlicher Richtung den Weg zum Grab, das sich mitten auf einem Feld befindet, zu gehen. Ein richtiger Weg führt nicht zu der Megalithanlage. Ein paar Eichen und Kiefern stehen auf der Anhöhe.

Also parkte ich auf einem landwirtschaftlichen Weg, stieg aus und ging los. Aber die Luft stank nach irgendwas. Kunstdünger? Oder Gülle? Vor einer Stunde musste ich eine andere Tour wegen der Gülle abbrechen. Der Gestank verdarb mir die Laune.

Ich schaute auf die Grabanlage mitten im Feld, ca. 400 Meter entfernt. Rechts weiter hinten sah ich die riesige Anlage der Spanplattenfabrik und den Schornstein, der wie ein tätiger Vulkan rauchte. Das ist die Maschine, das ist der Vulkan der Naturverwertung. Die Maschine arbeitet bestimmt rund um die Uhr. Keine Minute darf verloren gehen. Es muss endlos produziert werden.

Die alte Zeit ist vorbei, dachte ich. Warum will ich überhaupt etwas reaktivieren? Ich überlegte noch, ob ich ein Foto machen sollte. Der kleine Grabhügel und die Riesenmaschine. Ich ließ es und fuhr weg.

Im Wald hat man eher seine Ruhe. Manchmal ist man dort weit weg von aller Zivilisation. Beim Königsgrab in der Nähe von Lüdelsen stehen einige hohe Douglasien. Große Bäume erfreuen immer, beruhigen die Seele. Wahrscheinlich sind hier selten Leute. So ruhen die alten Steine versteckt im Wald.

Königsgrab bei Lüdelsen, Foto 14.3.17

65

6. Lübbensteine bei Helmstedt

So mache Megalithanlage ist nur schwer zugänglich. Man muss länger durch einen Wald gehen, man muss sich einen Weg über ein Feld suchen. Wenn der Weizen hoch steht, ist das sogar unmöglich, oder dann, wenn die Erde vom Regen feucht ist.

Manches lohnt sich, aus meiner Sicht, auch nicht. Was bringen uns ein paar Steine im Wald, die von zu vielen Brombeeren und anderen Sträuchern überwuchert sind?

Eine sehr schöne und dabei leicht zugängliche Anlage sind die Lübbensteine auf einem Hügel bei Helmstedt (der sogenannte St. Annenberg; es muss ja christlich sein; hier wäre eine Umbenennung angesagt). Gleich neben der B 1. Ein kleiner Parkplatz befindet sich direkt unterhalb der südlichen Anlage.

Eine Erwanderung ist nicht notwendig, so dass man sich ganz auf die Megalithanlage konzentrieren kann. Die nördliche Anlage ist ziemlich vollständig erhalten, die südliche weniger.

Wer hat die Steine entfernt? Wann und aus welchem Grund? Eigentlich hätte man sie hier komplett neu aufbauen können. Warum hat man es nicht getan?

Die heutige Aufstellung der Anlagen geht auf eine Rekonstruktion in den Jahren 1935/36 zurück. Ursprünglich sollen sogar vier Anlagen auf dem Bergrücken gelegen haben. Man kann sicher über die Rekonstruktion streiten. In diesem Fall wäre ich einmal dafür, die südliche Anlage mit neuen Steinen (Braunkohle-Quarzite) vollständig zu rekonstruieren. Beratung durch Archäologen und Schamanen. Es wäre einmal eine Wiedergutmachung für die vielen, vielen Zerstörungen und als Respekt für die Ahnen der Gegend. Ob man dafür einen Verein gründen müsste, ich weiß es nicht. Aber ich habe auch keine Lust auf langwierige Auseinandersetzungen mit den Behördenmenschen und ihren Paragraphen. Für die Schöninger Speere hat man ein ganzes, teures Museum gebaut. Für ein paar alte Stöcker, wenn man so will.

66

Lübbensteine, südliche Anlage, Foto: 7.9.2016

67

Die Monumente sind im vierten Jahrtausend vor Chr. von Siedlern der Trichterbecherkultur errichtet worden. Angeblich soll es die südlichste Anlage in Norddeutschland sein. Es gibt aber in Sachsen-Anhalt südlichere Anlagen.

Beide Gäber bestehen aus einer rechteckigen Grabkammer mit einem kleinen Zugang und einer Steinumfassung. Ursprünglich wurde das Ganze von einem Erdhügel bedeckt. Bei einer Renovierung könnte man ja einen der Hügel neu schaffen. Man könnte den südlichen nehmen. So erwecken die teilweise verstreut liegenden Steine einen falschen Eindruck. Die Tatsache, dass einige Steine chaotisch herumliegen, weist für mich auf mutwillige Zerstörung hin. Wie gesagt, ich wäre für eine Renovierung, also für eine „Heilung" der Anlage. Auf schamanische Weise!

Der Mensch hat im Allgemeinen viel, sehr viel zerstört auf seinem Entwicklungsweg aus der Steinzeit bis in die heutige Zeit. Inzwischen kann man das gar nicht mehr alles auflisten. Die Liste wäre endlos lang. Angesagt wäre es, jegliche weitere Zerstörung zu lassen und Altes zu reinigen und zu heilen.

Erst in diesem Jahr hat man wieder Bäume abgesägt. Angeblich, um den Blick auf die Anlage frei zu machen. Die Stadt Helmstedt rechtfertigt das dann noch mit „Umweltmaßnahmen". Daran sieht man, in was für einer Zeit wir leben. Meine Beschwerde hat, wie immer, nichts ergeben. Man erreicht diese Leute einfach nicht. Das ist leider die Wahrheit. Es gibt keine klare Ethik. Es gibt keine wirkliche Umweltphilosophie, schon gar nicht so etwas wie eine Naturreligion.

Es wird gesagt, dass die Gräber heilige Plätze waren, an denen immer wieder Rituale abgehalten wurden. Das ist evident. Auch von der Verbindung zu den Ahnen ist die Rede. Auch das versteht sich von selbst. Man errichtet solche Bauwerke immer für die Gemeinschaft und es gibt immer den Bezug zu den Ahnen. Nur der moderne Mensch scheint ihn oft verloren zu haben.

Norden

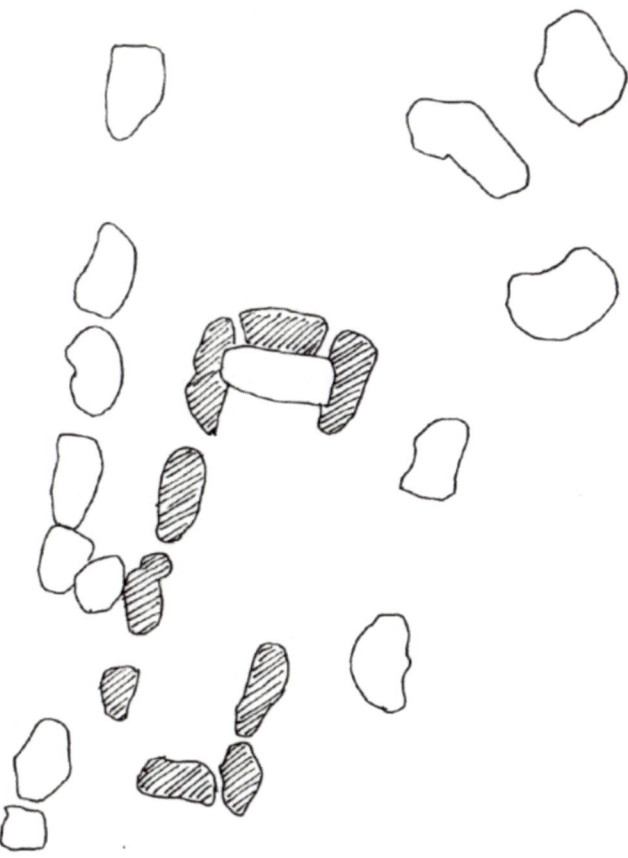

Die drei flachen Steine im NO wirken heute so, als würden sie nicht zur Anlage gehören. Ebenso der einzelne Stein im NW. Die gestrichelten Steine bilden die Grabkammer. Der obere, quer liegende Stein ist gegenwärtig der einzige Deckstein. Die Kammer wurde mit Kies aufgeschüttet. Da die Anlage jedoch nicht gepflegt wird (man fällt nur Bäume!), ist der Kies natürlich längst wieder überwuchert.

Die flachen Steine im NO kann man für einen Altar verwenden. Kleine Gaben hinterlassen, eine Blüte, ein paar Körner, etwas Tabak. Auf jeden Fall so, dass es nicht weiter auffällt und natürlich aussieht. Man kann es auch anschließend neben einem der Steine ins Gras legen. Dann merkt es keiner.

Das kleine Eichenwäldchen auf der westlichen Seite ist ein besserer Ort für Gebete und kleine Rituale. Ein indianischer Ort für eine kleine Visionssuche. Die meisten Besucher werden vorbeigehen, auf den beiden Wegen zwischen den zwei Anlagen bleiben.

In der Kammer im nördlichen Grab habe ich vor Jahren getrommelt. Aber einerseits fühlt man sich nicht wirklich sicher, und andererseits liegt oft Müll oder Glas herum. In dem Fall müsste man vorher reinigen. Das ist bei Plätzen, die von Menschen besucht werden, ohnehin immer notwendig: Reinigung, z.B. spirituelle Reinigung mit brennenden Kräutern in einer Schale.

Ich mache es oft so, dass ich leicht trommelnd zwischen den Steinen herum gehe. Dann kann ich immer auch schnell erkennen, ob von irgendeiner Seite Gefahr droht. Es ist klar, dass man dann nicht in eine starke Trance gehen kann, immer etwas gespalten bleibt, aber mit dem heiligen Ort kann man sich schon ganz gut verbinden. Wenn man keine Trommel dabei hat, dann reicht auch das leise Singen und Summen. Das muss jeder für sich ausprobieren.

Trommel mit Adlerfeder, Blick auf die kleine, südliche Kammer

71

Unterwelt oder Oberwelt

Was haben wir im Bereich der Lübbensteine?

Die beiden Grabanlagen mit den Steinkammern liegen auf einem Hügel. Der Hügel spricht für die Oberwelt, die Kammern, also die kleinen Höhlen, sprechen mehr für die Unterwelt.

Heute, da alles frei liegt, da es keinen Erdhügel über den Anlagen gibt, sieht man eher die Oberwelt, das Reich des Himmels der Steinzeitmenschen. Damals, vor Jahrtausenden, waren die Grabanlagen kleine Hügel auf einem größeren Hügel. Man konnte das Innere des kleinen Gabhügels betreten, eher hineinkriechen wie in den Schoß von MUTTER ERDE, um dort ein Ritual durchzuführen.

Da stellt man sich heute doch die Frage: Warum haben sie keine Höhle in die Erde gegraben? In anderen Regionen Europas, in denen es natürliche Höhlen gab, hat man diese genutzt. Als Wohnstätten oder als sakrale Orte (z.B. Altamira und Lascaux). In Norddeutschland war das nicht möglich.

Man sah die großen Steine der Eiszeit. Sicher lagen an der einen oder anderen Stelle bereits einige zusammen. Irgendwann kam jemand auf die Idee, sie als Schutzhöhle für die Toten, für die Ahnen zu verwenden.

Unterwelt und Oberwelt bilden schon immer, damals wie heute, eine Einheit. Das Reich des Todes, das Reich des Lebens. Hinabgestiegen in das Reich des Todes, heißt es, auferstanden von den Toten. Jeder kennt das. Das war damals nicht anders, weil es sich um eine anthropologische Konstante handelt. Menschliches Leben findet in und mit diesem elementaren Gegensatz, der eine Einheit bildet, statt.

Trommel mit Bezug zur Oberwelt

73

Gemeinschaftsgrab – Individualgrab

„Königsgrab" oder „Kaisergrab", wie manche Großsteingräber genannt werden, sind sicher falsche Bezeichnungen. Es ging nicht um das Individuum, sondern um die Gemeinschaft.

Verstehen wir das heute eigentlich noch?

Ich denke kaum, leben wir doch in einem Zeitalter des extremen Individualismus. Bei fast jedem Individuum kreist alles um das eigene Ich, das wir Ego nennen können, wenn wir es abwerten wollen, wie es teilweise in bestimmten Kreisen oder bei Autoren östlicher Denkweisen geschehen ist. Das Ego müsse man überwinden, so heißt es. Sicher, ich stimme zu, und doch auch wieder nicht. Denn das Ich muss sich auch entwickeln und entfalten. Erst die Entfaltung, dann die Auflösung. Erst die individuelle Ausprägung, dann das Universelle.

Am Ende der Steinzeit tauchte das Besitzdenken auf. Metall, Gold, später Geld, mein Besitz, mein Land. Bis heute sind wir davon geprägt. Individualgräber sind auch davon geprägt. Mein Grab, mein Grabhügel, meine Pyramide. Letztere ist wohl extremster Ausdruck von Individualismus. Der Pharao, der König, der Kaiser, der Kanzler, der Präsident – es ist immer, egal zu welcher Zeit, das gleiche falsche Prinzip eines extremen, absoluten Individualismus.

Die Gemeinschaft, die Gruppe als einen ganzheitlichen Körper zu sehen, das ist eine andere Haltung, weil hier das WIR im Zentrum steht. Ein Gemeinschaftsgrab kann man sich heute vielleicht nur als Familiengrab vorstellen, wenn überhaupt. Das kleine WIR, also ein Paar, das ist noch leichter nachvollziehbar. Das große, kollektive Grab einer kleinen Jäger- und Sammlergruppe? Wir leben heute so nicht mehr. Jeder schlägt sich, mehr oder weniger, allein durchs Leben. Selbst das kleine WIR ist nicht ein so starkes Sakrament, das es nicht zerbrechen könnte.

Wenn man darüber meditiert, dann merkt man erst, wie weit, weit weg diese alte Zeit unserer Herkunft ist. Aber es ist unsere Herkunft. Was ist unsere Hinkunft? Die Masse der manipulierten Konsummenschen, gesteuert, emotionalisiert, animiert, gelenkt von Massenmedien etc.? Und wer oder was lenkt am Ende der Kette?

Es mag uns so vorkommen, als wäre alles unendlich weit von unserer Kultur entfernt. Das ist nicht der Fall. Die Kirchen, unsere Sakralbauten, sind gewissermaßen große Höhlen, in denen sich eine Gemeinschaft versammelt. Dort wird die Gemeinschaft mit Christus beschworen und zelebriert. Dabei kommt es nicht auf das kleine Ego an, sondern auf die höhere Gemeinschaft. Ausdruck findet das vor allem in der Eucharistiefeier, hinter der ein archaisches Ritual steckt. Der Leib und das Blut Christi, archaischer geht es kaum. Für viele mag es so abgegriffen sein, dass sie den eigentlichen Kern weder wissen noch bewusst wahrnehmen. Es ist zu einer Gewohnheit verkommen. Die Gläubigen nehmen daran teil, die Atheisten haben sich schon längst verabschiedet, weil sie es lächerlich oder langweilig finden.

Statt von Gemeinschaft ist in christlicher Tradition von Gemeinde oder Kirche im Allgemeinen die Rede. Auch im Tode wollte man die Nähe zum sakralen Ort. Am besten gleich mitten in der Kirche, die man selbst gestiftet hatte. Kaiser Lothar und sein Kaiserdom in Königslutter sind da ein typisches Beispiel. Der Platz in der Kirche war logischerweise begrenzt. In eine Krypta passen nicht viele. Aber in der Nähe der Kirche, also auf den Friedhof um die Kirche herum, so wie in meinem Dorf, dort wollen sie alle sein.

Das Kirchengebäude symbolisiert die höhere Gemeinschaft mit Christus, also mit dem geistigen und spirituellen Zentrum. Ich denke, dass wir Megalithanlagen wie die Lübbensteine auf dem St. Annenberg bei Helmstedt einmal aus dieser Perspektive betrachten sollten.

75

Wenn man heute über den Hügel geht, auf dem die Lübbensteine stehen, dann kann man das Gefühl haben, sie hätten mehr mit dem Kosmos zu tun. Vielleicht war der Kosmos, der dunkle Sternenhimmel der Nacht, für die Menschen ein Raum der Ewigkeit. Sie wussten damals nichts von den Wandlungen und dem wilden Chaos im Weltenraum. Sie empfanden es wohl eher als endlos stabil und ewig, nicht so flüchtig wie das eigene Leben, das schnell durch Unfälle oder „böse Geister" zu Ende sein konnte. So mancher Mensch starb sehr jung, kurz nach der Geburt oder auch ein paar Jahre später.

Weil das Leben so oft bedroht war, schnell vorbei sein konnte, suchte der Mensch immer nach etwas Ewigem. Steine sind im Verhältnis zu menschlichen und tierischen Körpern ewig. Der Kosmos versprach noch mehr davon.

Nachts können die hellen Steine der Lübbensteine wie Steine von einem anderen Stern wirken. Heute, wie gesagt, können sie so wirken. Knochen des Kosmos. Das könnte noch intensiver wirken, wenn es nachts dunkel wäre. Aber von der nahen Stadt gibt es zu viel Licht. Ebenso von den Dörfern und den Fahrzeugen auf der B1. Wo ist es heute noch wirklich dunkel in der Nacht?

Wenn man dann die hellen Steine im Mondlicht sieht: was fühlt man? Womit fühlt man sich verbunden?

Was fühlten die Menschen vor Jahrtausenden, wenn sie nachts hier waren und aus der dunklen Kammer des Grabes traten und in den nächtlichen Himmel schauten? Uns bleiben immer nur die Einbildungskraft und die experimentelle Archäologie. Also einmal nachts die Steine besuchen, Leute!

Oder wenn sie am frühen Morgen aus der Kammer traten, um die Sonne zu begrüßen?

Heute befinden sich an der Ostseite des Hügels kleine Bäume und Gebüsch. So kann man die Sonne nicht gut begrüßen. Ein Behördenmensch von der Stadtverwaltung schrieb mir, weil ich mich über die Baumfällungen beschwert hatte, man solle die Megalithanlage von allen Seiten sehen können. Eine *Lüge*, denn der ganze Osten ist versperrt. Erst die Baum-Busch-Reihe, dann ein Weg, dann kommen Kleingärten. Die

Grabkammer der nördlichen Anlage öffnet sich nach Osten. Vielleicht war der ganze Hügel vor Jahrtausenden kahl. Man konnte gut den Aufgang und den Untergang der Sonne beobachten. Den Untergang kann man heute betrachten. Das wird sicher auch getan. Früh am Morgen schlafen die meisten, abends machen sie eher mal einen Spaziergang. Wenn das Wetter schön ist, kann man vom Hügel den Untergang der Sonne sehr schön betrachten.

Eine Untergangszivilisation betrachtet lieber den Sonnenuntergang.

Vor Jahrtausenden wussten die Menschen nichts vom weiteren Ablauf der Geschichte. Wir wissen nicht, was sie über ihre Vergangenheit, damals, dachten oder wussten. Und die Zukunft, aus der Perspektive der damaligen Zeit? Sicher hatten sie Träume von einem besseren oder leichteren Leben. Weniger Tod, mehr Leben. Aber ich denke nicht, dass sie von Flugzeugen, Einkaufszentren und der Digitalisierung träumten. Das war zu weit weg. Gutes Essen, eine warme Hütte und keine Krankheiten, das war schon viel. Heute leben Menschen im satten Wohlstand, und sind doch oft nicht zufrieden. Vielleicht mal eine Nacht in einer Grabkammer verbringen, rät der Zyniker. Mal eine kalte Nacht erleben, eine Nacht durchfrieren, schlägt der Satiriker vor. Mal merken, wie es ist, wenn es morgens endlich langsam wärmer wird. Die Sonne feiern. Ihren Aufgang. Ihre Kraft und Wärme.

Der moderne Mensch verehrt nichts. Er verbrennt nur fossile Brennstoffe, also die von der Erde gespeicherte Sonnenenergie. Mehr kann er nicht, nur verbrennen. Und weil es nicht reicht, braucht er noch einen Kamin. Ein bisschen Holz extra verbrennen, das muss schon sein. Damals hatte man nur ein kleines Feuer und musste sich damit begnügen. Heute sehe ich überall, wie sie Brennholz horten. Ein archaischer Zwang. Möglichst viel horten. Für mehrere Winter. Und alles ist nur Luxus, denn man verbrennt ja hauptsächlich Öl oder Gas im Dauerbetrieb.

Sonnenaufgang.

Das war und ist etwas anderes. Eine Entwicklung steht am Anfang. Am Ende steht der Untergang und der Tod. Aber alles stirbt, auch ganze Zivilisationen, Völker, Menschheiten, Planeten und Universen. Was hatten die Menschen damals für Ahnungen? Wenn wir nachts draußen sind,

77

können wir es spüren, auch wenn es vielleicht vage bleibt. Aber Ahnungen sind mehr als abstraktes Wissen, denn Wissen trennt und Ahnungen verbinden mit dem Strom des Seins.

7. Groß Steinum und Mutter Erde

79

Nordwestlich von den Lübbensteinen befindet sich an einem Waldrand obiges Großsteingrab, nördlich von dem Ort Groß Steinum. Ursprünglich lag es auf einem Feld. In den fünziger Jahren des letzten Jahrhunderts hat man es an den Waldrand versetzt.

Es soll einst viele Megalithstätten in der Gegend nördlich von Königslutter gegeben haben. Leider sind sie nicht mehr vorhanden, aber die Gegend strahlt immer noch den Geist der Steinzeit aus. Man kann dem auch in dem Findlingsgarten nachspüren; zu erreichen von der Bundesstraße aus.

Die Steine der Grabanlage von Groß Steinum (ca. 3500 Jahre vor Christus) wirken sehr naturbelassen, fast wie eine natürliche Felsformation.

Schaut man auf obiges Foto, kann man ein Gesicht mit einer deutlich hervorstehenden Nase erkennen. Links ein klares Auge, ein zweites weiter hinten rechts, wie der Kopf eines erdverbundenen Tieres. Ein Reptil? Eine Schildkröte? Das Thema der Erdverbundenheit spielt hier wohl die zentrale Rolle. Ich denke, dass die ganze Spiritualität im Zusammenhang mit den Großsteingräbern eine der tiefen Erdverbundenheit gewesen ist. Steine sind schwer, sie liegen auf der Erde, sie ziehen zur Erde, sie bleiben immer mit der Erde verbunden.

Hinter der Grabanlage kann man die beiden Hauptstämme der Eiche erkennen. Zwei ist die Zahl der Erdverbundenheit. Zwei sind immer die Paare auf der Erde. Ohne die Zwei kein Leben, ohne den Gegensatz keine Existenz. Gegensatz bedeutet immer die verbundene Verschiedenheit.

Trägersteine und Deckensteine bilden auch eine Zweiheit.

8. Der Steinkreis von Werpeloh

Der Steinkreis von Werpeloh befindet sich außerhalb des Ortes, in nordwestlicher Richtung. Er wurde im Jahre 2002 von einem Pater Matthäus (Rudolf Bergmann) (1932 – 2008) errichtet.

Er besteht aus zwei Steinkreisen, einem inneren und einem äußeren Steinkreis. Die Steine des inneren Kreises liegen auf einem mit Findlingen gepflasterten Boden. Die größeren Steine des äußeren Ringes stehen teilweise auf kleinen Erderhebungen. Somit befindet sich der innere Kreis in einem geschützten Raum.

Auf dem ersten Foto ist der ganze Steinkreis (12 Steine) aus südwestlicher Richtung zu sehen. Der große Stein auf der linken Seite ist der Stein mit der Schwarzen Madonna. Durch die kleinen Erhebungen ist vom inneren Kreis nur der Altarstein in der Mitte gut zu sehen.

Auf dem zweiten Foto sieht man den inneren Kreis (12 Steine). Der große Stein des äußeren Kreises ist der große Stein mit der Mariengrotte, in welcher sich die Schwarze Madonna befindet.

Auf der Südseite führen zwei Eingänge zum inneren Kreis, in dessen Mitte sich der Altarstein befindet.

Auf einer Schautafel ist ein Kreis zu sehen mit zwölf Feldern für den Entwicklungsprozess innerhalb eines Jahres. Den einzelnen Feldern sind die vier Elemente Luft, Wasser, Feuer und Erde zugeordnet.

1. Ahnen und Geisteingießung
2. Wiederkehr und erstes Drängen
3. Impuls, Drängen, Keimen
4. Wachsen und Blühen
5. Blühen und Entfalten

82

6.   Empfangen und Befruchten

7.   Reifung und Fülle

8.   Ernten und Sammeln

9.   Krafteingießung

10. erstes Absterben

11. Beginn der Verinnerung der Kraft

12. Kristallisation und Auferstehung

Wenn wir uns eine Uhr vorstellen, dann beginnt der Kreis bei 1 Uhr, dann weiter im Uhrzeigersinn. Die Reihenfolge der Elemente sind hier: Luft, Wasser, Feuer, Erde, insgesamt vier Mal. Außerhalb des äußeren Kreises stehen christliche Feste: Mariä Lichtmeß, Initiationstag, zwischen 1 und 2 Uhr, Karwoche zwischen 3 und 4, Pfingsten, Fest der Freude, zwischen 4 und 5, Mariä Himmelfahrt zwischen 7 und 8, Erntedank zwischen 9 und 10, Allerheiligen/Allerseelen zwischen 10 und 11.

Osten liegt bei 3 Uhr, Süden bei 6 Uhr, Westen bei 9 Uhr und Norden bei zwölf Uhr.

Der Kreis soll eine Synthese von christlichen und naturreligösen Vorstellungen darstellen. Ob jeder mit den einzelnen Begriffen der zwölf Punkte des Kreises etwas anfangen kann, möchte ich eher bezweifeln. Wer das indianische Medizinrad im Kopf hat, der wird auch einige andere Begriffe haben. Was genau ist mit „Krafteingießung" (9) gemeint? Was ist mit „Verinnerung" (11) gemeint? Warum nicht Verinnerlichung?

Die Idee einer Synthese finde ich grundsätzlich eigentlich gut, obgleich ich heute, anders als noch vor zehn Jahren, eher der Meinung bin, dass man verschiedene Denksystem eher getrennt halten sollte, also entweder ein indianisches Medizinrad, ein natürlicher Jahreskreis oder das Kirchenjahr, das hier im übrigen nicht vollständig aufgezeichnet wurde.

Pater Matthäus wollte vermutlich das Gemeinsame betonen. Die nordischen, archaischen Vorstellungen und die christlichen Sichtweisen.

Im Kreis befindet sich nur eine Figur, die Schwarze Madonna. Sie steht für die Muttergottheit schlechthin. Auf der östlichen Seite liegt ein kleinerer Stein auf einem größeren, so dass sich eine Art Figur ergibt.

83

Vielleicht soll sie die Mutter der Reinheit und Ganzheit zeigen.

Was können wir nun damit anfangen?
Was können wir hier praktizieren?

Vor zehn Jahren ging ich davon aus, dass es eine Versöhnung und Verbindung von naturreligiösen und christlichen Sichtweisen geben könnte. Heute bin ich aufgrund meiner Erfahrung andrer Meinung. Die Systeme scheinen zu verschieden zu sein. Die Anhänger der einen oder der anderen Sichtweise wollen auch keine Verbindung herstellen und leben. Somit frage ich mich, wer hier überhaupt „praktiziert". Oder ist es nur eine moderne Anlage mit wenig oder gar keiner spirituellen Praxis?

Vor dreißig Jahren habe ich viel von Kreissystemen gehalten, habe auf der Basis des indianischen Medizinrades viele Modelle entwickelt. Heute scheint mir das Leben doch eher zu komplex, zu vielschichtig und auch zu gegensätzlich, um es in ein System bringen zu können.

Ein Natursystem sollte immer Elemente wie die Tiere, die Pflanzen, die Berge, die Flüsse, die Sonne, den Mond, das Leben, den Tod, die geschlechtliche Liebe etc. enthalten. Man kann nicht alles nennen, man muss nicht alles nennen. Jeder kann sich sein Kreissystem bauen. Ob eine Gemeinschaft dem dann auch zustimmt, das ist eben die Frage.

Die Kirche hat ihr System immer von oben nach unten durchgesetzt. Es gab und gibt nie eine Diskussion darüber. Es gibt die allgemein bekannte Trinität: Vater, Sohn und Heiliger Geist. Und was ist mit Maria? Was ist mit der Mystik?

Wenn man große Steine verwendet, wie in der Anlage geschehen, dann sollten sie mit natürlichen Elementen verbunden sein. Die zwölf Punkte, die oben genannt werden, sind teilweise sehr abstrakt, wenig naturbezogen. Es werden oft zwei Begriffe genannt, z.B. Ahnen und Geisteingießung. Für mich sind das zwei unterschiedliche Aspekte. Für mich könnte ein Stein für die Ahnen (oder meint er eher die Intuition?) stehen. Aber verbinden wir den Charakter des Steines an der ersten Position mit den Ahnen? Können wir an dieser Stelle die Ahnen rufen und verehren? (Oder die Kraft des Genius?) Entsprechende Fragen lassen sich bei den anderen Steinen stellen.

Der Unterschied zwischen dem inneren und dem äußeren Kreis ist mir nicht klar. Vom indianischen Medizinrad kenne ich die Unterscheidung zwischen der materiellen und der spirituellen Ebene. Dann wäre der äußere Kreis die spirituelle Ebene. Eine klare Zuordnung ist anhand der Schautafel nicht gegeben. Oder sollen die 12 inneren Steine nur die vier Elemente in vierfacher Wiederholung symbolisieren? Das wäre nicht viel.

Mir scheint die Anlage leider etwas unklar zu sein, sodass ich mir eine naturverbundene Praxis kaum vorstellen kann. Aber auch keine christliche, denn dafür müsste man klare Bezugspunkte haben, zu Gott, zu Jesus, zum Heiligen Geist, zur unio mystica, zu verschiedenen Aspekten der Maria etc. So bleibt es am Ende eine allgemeine Synthese, mit der vielleicht keinem wirklich geholfen ist.

Ich will das Engagement und den Einsatz von Pater Matthäus nicht schlecht reden, keinesfalls, und es ist sicher bewundernswert, dass es überhaupt realisiert werden konnte, denn es gab und gibt ja immer sehr viele Gegenkräfte.

Mutter Gottes im Stein

eingeschlossen ist sie im großen Stein
des Westens hinterm Gitter

Steinkreis von Werpeloh
auch Pater Matthäus dachte wohl

es könne eine Verbindung geben
zwischen dem Christlichen und

den archaischen Religionen
der Erde und des Himmels

aber die Bauern sind Herrenmenschen
sie keulen die Hühner und Puten

ihre Ställe beherrschen das Land
und keine Steinkreise in denen

man betet zur Erde zur Mutter
zu den Geistern der heiligen Natur

abseits der Dörfer gehst du
die Pfade der Traumzeit

9. Großsteingräber bei Groß Berßen

Östlich von Groß Berßen, neben der Straße nach Hüven, gibt es einige bemerkenswerte Megalithanlagen. Von einem Parkplatz aus kann man sie leicht zu Fuß erreichen. Einmal das sogenannte Wappengrab, dann das sogenannte Königsgrab, nördlich der Autostraße, und ein rekonstruierter Grabhügel.

Hier kann man sehr gut einen kleinen rituellen Spaziergang machen. Man kann seine Trommel nehmen, singend und beschwörend vom Parkplatz bis zur großen Grabanlage im Wald gehen. Man kann sich mit dem Wald und allen Pflanzen verbinden. Die Autostraße, die heute das Gebiet durchschneidet, muss man innerlich ausschalten, einfach ignorieren. Sie gehört einer anderen Zeit an. Wenn wir uns mit der alten Zeit verbunden haben, dann spüren wir das ganz deutlich.

Beim rekonstruierten Grabhügel kann man in die andere Welt der Ahnen eintauchen. Hier spürt man, wie es einst gewesen sein könnte. Man geht den kleinen Gang zur Steinkammer, die heute unter einem Grashügel liegt. Man kann hineinkriechen, weiter trommeln, weiter singen. Hier ist man drinnen, in der anderen Zeit der Steinzeitmenschen.

Die Trommel, genauer gesagt die Schamanentrommel, ist das Instrument schlechthin, um in die andere Dimension der Wirklichkeit zu gelangen. Heute kann man sich leicht eine entsprechende Trommel besorgen. Es gibt mehr als genug Angebote, es gibt Trommelbauer, und sogar einen Trommelbaukurs kann man mitmachen.

Wenn sie nicht so groß ist, kann man sie gut nach draußen mitnehmen. Da es wegen der Feuchtigkeit Probleme geben kann, habe ich für draußen eine kleine (siehe Fotos), die man nachspannen kann. Das ist zwar keine Schamanentrommel im eigentlichen Sinne, aber es kommt auf die Funktion an. Jeder kann selbst entscheiden. Und wer eine sogenannte Maultrommel nimmt oder eine Tupperdose zum Trommeln, auch gut. Es geht um den Kontakt zu den Geistern.

Rekonstruiertes Großsteingrab bei Groß Berßen

Vom Grabhügel führt ein Weg weiter zu der sehr schönen Anlage, die man wieder einmal „Königsgrab" genannt hat. Man hat wohl keinen besseren Namen. Überall gibt es ein Königsgrab.

Aber die Anlage liegt sehr schön im Wald auf einem flachen Hügel, die Straße ist nicht mehr so nah und der Zustand der Anlage ist erfreulich. Von den 24 Tragsteinen sind noch 21 vorhanden. Von den neun Decksteinen haben noch einige ihre ursprüngliche Lage. Von der Einfassung sind auch noch viele Steine vorhanden. Man hat also insgesamt den Eindruck einer sehr gut erhaltenen Megalithstätte.

Dieser Kraftort eignet sich sehr gut für die Kommunikation mit der fernen Welt unserer Ahnen. Der Wald, die Steine, die Heide, das Gras der Erde.

Man kann die Anlage schön umrunden.

Es gibt auf der Nordseite der Grabanlage eine Reihe von Baumhütern (Eichen), die den heiligen Ort schützen. (Auf dem Foto rechts zu sehen.)

Als ich den Ort besuchte, hatte ich das Gefühl von relativer Unberührtheit, obgleich hier, wegen des Parkplatzes, sicher mehr Leute zu Besuch sind als an anderen, versteckten Orten. Jedenfalls wirkte auf mich der ganze Ort im Wald nicht verdorben.

„Königsgrab" bei Groß Berßen, von Osten aus gesehen

10. Großsteingrab Auf Bruneforths Esch

Dieses Großsteingrab bei Groß Stavern ist sehr schön und stark, außerdem gut erhalten. Dennoch wurde schon 1825 dokumentiert, dass drei der elf Decksteine gesprengt und abtransportiert wurden. Einige Bohrlöcher sind zu finden, aber zum Glück wurde nicht weiter gesprengt. Da stellt sich gleich wieder die Frage: Wer macht das, und mit welcher Begründung? Und wer war damals vielleicht dagegen und hat eine weitere Zerstörung verhindert?

Die ost-west-orientierte Megalithanlage vom Typ Emsländische Kammer besitzt eine etwa 25 Meter lange Kammer, die sich von der drei Meter breiten Mitte zu beiden Enden hin auf etwa 1,8 Meter verjüngt.

Die acht großen Decksteine wirken sehr kraftvoll. Überhaupt strahlt die Anlage eine archaische Kraft aus.

Gerade die starke Eiche gibt dem Grab etwas Besonderes. Sie ist ein kräftiger Hüter, der direkt bei bzw. in der Megalithanlage steht. Ein magischer Baum, eine richtige Persönlichkeit. Auf dem Foto gut zu erkennen, denke ich. Auch das große magische Auge. Es wirkt so, als wenn sich der Geist der Ahnen in der mächtigen Eiche materialisiert hätte.

Die Anlage steht auf einer Erhöhung. Nördlich führt eine Straße vorbei. In der näheren, und auch ferneren, Umgebung gibt es viele Mastställe, symbolische Stätten einer industrialisierten Landwirtschaft, die Unmengen von Tieren produziert, um sie dann zu schlachten. Eine Anlage wie diese erscheint mir wie ein Gegenstück zu den modernen Gebäuden, aber, wie ja jeder weiß, kann man mit den alten Steinen kein Geld verdienen.

Die alte Eiche mag einem auch als trotziger Wächter einer anderen Zeit und anderen Kultur erscheinen.

Baumhüter beim Großsteingrab Groß Stavern

Pietätlosigkeit und Desinteresse

Oft ist in Berichten über die Großsteingräber von Zerstörungen die Rede. Sehr vieles wurde zerstört. Teilweise sieht man noch die Spuren, z.B. Sprenglöcher in großen Steinen, teilweise nichts mehr.

Die Steinkreise sind verschwunden.

Kultstätten mit großen Eichen und Altarsteinen sind verschwunden.

Heilige Haine sind verschwunden.

Man hasste das Alte, weil man es hassen sollte. Man zerstörte das Alte, weil man es zerstören sollte, denn die Herren der Welt wollten es so, und die Herren der Welt haben die Macht und bestimmen, was zu geschehen hat und was nicht.

Für mich sind all die Zerstörer der Großsteingräber pietätlose Leute gewesen. Aber, ist es heute besser? Gräber und Friedhöfe, Särge und Urnen, Bäume im Friedwald, alles ist nur ein Geschäft. Es geht nicht um Pietät. Und wenn man die Gebühren nicht zahlt, dann wird der Grabstein schnell auf den Müll geworfen. So ist es.

Das Beste, was den Großsteingräbern passieren kann, ist das Vergessen. Wenn sich keiner dafür interessiert, dann werden sie in Ruhe gelassen. Dann können die Bäume in Ruhe wachsen und leben. Dann können die Bäume alt werden.

Ich freue mich über jede alte Eiche, die älter als hundert Jahre ist. Wenn die Renovierer kommen, ist es mit der Ruhe vorbei. Also kann man als Freund der alten Naturreligion nur hoffen, dass sie schön desinteressiert bleiben. Desinteresse ist der beste Schutz. Denn selbst wenn man es als „Kulturdenkmal" einstuft, dann ist keine Gewähr für dauerhaften Schutz gegeben. Aus touristischen Vermarktungsgründen kann man auch vieles zerstören. Dann werden Schilder und Bänke an störenden Stellen errichtet.

Schamanen der Erde müssten entscheiden, aber keine Beamtenmenschen in ihren Rathäusern an ihren großen Schreibtischen.

93

Such dir einen
heiligen Ort,
den Du mit
ganzem Herzen
verehren kannst.

Bete dort
zur heiligen
Mutter Erde!

11. Oldendorfer Totenstatt

Die Oldendorfer Totenstatt befindet sich in der Nähe von Amelinghausen, südöstlich von Oldendorf, einer kleinen Ortschaft nördlich der Heidestadt.

Es handelt sich um eine mit Heidekraut bewachsene Fläche, auf der einige große Kiefern, Birken und Eichen stehen. Es gibt vier Grabanlagen aus der Zeit der Megalithkultur.

Anlage 1 ist ein 45 Meter langes, zum großen Teil zerstörtes Grab. Aber ein paar markante Steine sind vorhanden, so gleich am westlichen Anfang und in der Nähe des großen Eichenhüters.

Anlage 2 ist eine Grabkammer in einem Rundhügel mit einer Eiche.

Anlage 3 ist ein ein noch 43 Meter langer Rest eines Erdwalls, einige der Umfassungssteine sind vorhanden oder umgestürzt. Eine hohe Kiefer steht etwa in der Mitte der Anlage.

Anlage 4 ist ein 80 Meter langes Hünengrab, dessen Grabkammer heute gut zu betrachten ist. Die Deckensteine fehlen jedoch. Über das Hünengrab verläuft heute ein kleiner Pfad. Am östlichen Ende stehen einige bemerkenswerte Steine. In der Mitte der Anlage stehen zwei Eichen. Am westlichen Ende liegt auch ein bemerkenswerter Stein.

Mir persönlich hat keine der Anlagen sonderlich gefallen. Das Holzhaus und die Bänke, die man für Besucher aufgestellt hat, finde ich eher störend. Warum stellt man diese nicht außerhalb der gesamten prähistorischen Anlage auf, trennt also die Welt der Megalithkultur deutlich von der heutigen Zeit?

Bei der ersten Anlage, die gleich links liegt, wenn man von dem kleinen Autoparkplatz kommt, ist ganz gut für Rituale geeignet. Die meisten Besucher gehen wohl daran vorbei. Schön, dass hier eine starke Eiche steht und in der Nähe weitere große Bäume.

Ansonsten hatte ich den Eindruck, dass hier viele vorbeikommen, vor allem Radfahrer, die in der Gegend herumradeln.

Eiche und Steine der ersten Anlage

96

„Rolfsener Steinkiste", bzw. „Dolmengrab"

Die Rolfsener Steinkiste ist ein ungewöhnliches Dolmengrab. Ähnliches habe ich bisher nirgends gesehen. Die Grabanlage liegt im Wald, westlich des kleinen Ortes Rolfsen. Dieser liegt nordwestlich von Amelinghausen.

Es handelt sich um eine runde Anlage, ca. 80cm hoch. Auf dem ganzen Kreis befindet sich eine Schicht kleiner Findlinge. Wie dick diese ist, weiß ich nicht. In der Mitte liegt eine quadratische Steinkammer. Ein Deckenstein ist nicht vorhanden. Der Durchmesser des Kreises beträgt 13 Meter.

Außerhalb des höher gelegenen Kreises stehen um die Anlage einzelne Findlinge und verschiedene Bäume. Ich habe sie jedoch nicht gezählt. Vielleicht sind es 16, vielleicht auch mehr.

Was bedeutet diese merkwürdige Anlage in dem Wald?

War es das Grab einer besonderen Person, und was für einer?

Warum die vielen kleinen Findlinge?

Die Fragen wird sicher niemand beantworten können.

Auf einen der Steine der Grabkammer habe ich spontan sieben Kupfermünzen als Gabe gelegt, in der Anordnung der Plejaden. Ich musste da wohl an die Himmelsscheibe von Nebra gedacht haben. Vielleicht wurde hier ein Schamane begraben, der sich vor allem mit dem Himmel der Nacht und den kosmischen Einflüssen beschäftigt hat. Sicher, das ist reine Spekulation. Die vielen kleinen Steine würden dann für die vielen Sterne stehen.

Wenn wir etwas Ungewöhnliches entdecken, dann suchen wir nach einem Sinn. Ob es objektiv stimmen mag oder nicht, wer kann oder will das jemals entscheiden. Wenn es für uns Sinn macht, dann muss es ausreichen. Es geht auch hier um unsere Empfindungen, um unsere Resonanz auf ein Objekt.

97

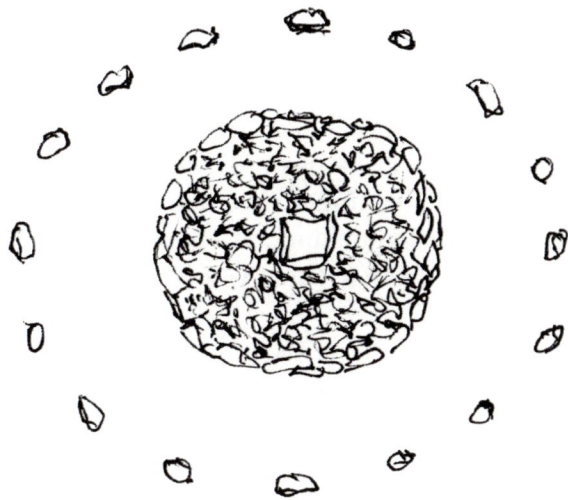

Wenn man sich die Grafik (ein Darstellungsversuch) anschaut, dann kann man seiner Phantasie freien Lauf lassen. Man kann verschiedene Assoziationen und Vorstellungen haben. Wir haben hier eine Perspektive von oben. Wenn wir dort im Wald sind, dann sehen wir immer nur einen Ausschnitt des Kreises in der Mitte und einzelne Steine des äußeren Steinkreises. Das ist eben so. Wir sehen niemals das Ganze. Wir können die Anlage umkreisen und sehen immer wieder einen anderen Ausschnitt.

Außerdem gibt es heute die Bäume, die den Charakter der Anlage mitbestimmen. Auf dem ersten Foto sieht man ganz links eine Eiche, daneben steht eine Kiefer; Blickrichtung etwa Westen.

In meiner Grafik liegt die Steinkiste genau in der Mitte, in der Realität ist sie nach Süden verschoben. Meine Grafik betont die Leere in der Mitte, das leere Loch, das schwarze Loch. Vielleicht ist die Anlage gar kein Grab gewesen, sondern ein Ritualplatz. Man kommt immer wieder an den Punkt, wo man nur rätseln kann. Oder, und das ist der Weg, sich einzufühlen, der möglichen Bedeutung nachzusinnen.

99

12. Osnabrücker Land

Im Osnabrücker Land gibt es viele Großsteingräber. Hier beginnt auch die Straße der Megalithkultur. Gleich die erste Station, die „Teufelssteine", die sind nicht leicht zu finden, denn sie liegen mitten in einem Gewerbegebiet auf einem Hügel, der von sumpfigem Wald umgeben ist. Abgesehen davon, dass das sogenannt „Teuflische" eine typische Dämonisierung darstellt, findet sich, aus meiner Sicht, das „Teuflische" hier in der ganzen Umgebung. Alles dient der totalen Nutzung durch den Menschen. Nur ein kleines Gebiet wurde gelassen. Das gilt auch für die zweite Station.

Wenn man Fotos von dieser Anlage machen will, dann muss man schauen, dass man möglichst nichts von den menschlichen Anlagen aufs Bild bekommt. Allerdings könnte so der Eindruck entstehen, die Anlage würde sich in einem herrlichen Waldgebiet befinden. Das war jedoch einmal der Fall, vor vielen, vielen Jahren.

Man muss die Gegenwart ausblenden. Die Bänke der Menschen, die Besudelungen, die man auch hier, wie so oft, findet. Man muss sich auf die Steine konzentrieren, auf den schönen, imposanten Deckstein. Man kann sich dem Schattenspiel auf dem Boden und auf den Steinen widmen. Man kann in die Wipfel der Kiefern schauen, und in den blauen Himmel. Man kann die ganze Anlage umwandeln. Man kann sich vorstellen, wie hier einmal alles naturbelassen war.

So traurig es ist, die reine, ursprüngliche Natur bleibt uns Heutigen meist nur in der Vorstellung!

Die zweite Anlage (Gretesch) der Straße der Megalithkultur liegt ebenfalls auf einem Hügel in einem kleinen Waldstück in dem Vorort Lüstringen. Vom Hügel aus kann man auf einen Bach hinunterschauen.

Beide Anlagen sind relativ gut erhalten.

Teufelsstein, Osnabrück, Lüstringen

Das Großsteingrab **Jeggen**, das sich südlich und außerhalb der Ortschaft befindet, liegt so, dass man die umgebende Landschaft betrachten kann. Hier kann man den Blick in die Ferne schweifen lassen. Das scheint mir für eine Grabanlage sinnvoll. Der Blick in die Ferne kann ein Blick in ein Jenseits sein. Man blickt sozusagen vom eigenen, leidgeprägten Leben hinaus und hinüber in ein anderes Reich. *Mein Reich ist nicht von dieser Welt.* Steht die Anlage jedoch im Wald, dann ist das kaum möglich.

Bei dem Großsteingrab Jeggen ragen einige Bäume sehr schön in den Himmel. Sie bilden vertikale Achsen, welche die Steine und die Erde mit der Kuppel des Himmels verbinden. Das kann man bei diesem Grab sehr schön sehen und studieren.

Neben den „Teufelssteinen", siehe obiges Foto, sehen wir in der Kiefer auch eine Achse hinauf zum Himmel.

Die Anlage, die „Driehauser Steine" genannt wird, bietet ebenfalls einen schönen Bezug zur umgebenden Landschaft, wenn man auch leider zu viele Häuser sieht. Dieses Großsteingrab liegt auf einem Acker. Die Bauern pflügen immer sehr nah an das Großsteingrab heran. Am liebsten würden sie es wohl beseitigen, weil es für ihren Trecker ein Hindernis ist, nichts weiter.

In der Mitte des Großsteingrabes steht eine markante, alte Eiche, die mit den Steinen eine Art von Symbiose eingegangen ist. Der große Baumhüter und das Grab bilden eine schöne Einheit. Hoffentlich lässt man das so. Die alten Bäume weisen uns darauf hin, dass hier seit Jahrzehnten nichts gemacht worden ist. Das ist gut so. Denn wenn irgendwelche Archäologen renovieren, dann kommen sie immer mit der Kettensäge. Hinterher sieht der Ort dann tot aus, weil sie die *wilde Natur* verjagt haben.

Bei den Driehauser Steinen kann man die Kraft der wilden Natur spüren.

Driehauser Steine

Die **Darpvenner Steine** bestehen aus drei Grabanlagen, die sich auf einer Anhöhe im Wald befinden. Man kann auf Seen, wo man vermutlich mal Sand gefördert hatte, hinunterblicken.

Bei der Anlage I stehen einige große Eichen. Man kann sich die archaische Situation hier sehr gut vorstellen. Heute fehlen natürlich viele der Decksteine. 4 von 10 bei der ersten Anlage, 3 von 6 bei der zweiten Anlage, 4 von 8 bei der dritten Anlage. Man fragt sich, wer die Decksteine und wofür gebrauchen konnte? Wer hat sich warum die Mühe gemacht, sie fortzuschaffen? Aber eigentlich kann man sich das überall fragen.

Die eigenen egoistischen Ansprüche waren deutlich wichtiger als der Respekt vor den Bauwerken der Urzeit. Selbst hier im Wald waren die alten Grabanlagen nicht sicher.

Die Steine mögen heute und in Zukunft sicher sein. Mehr wird hoffentlich nicht zerstört werden. Aber die Bäume sind nicht sicher. Gerade bei den Darpvenner Steinen habe ich viele Farbmarkierungen an Bäumen gefunden. Da will und muss man wohl wieder die Kettensägen heulen lassen. Die Bäume scheinen nicht als Teil der Anlage gesehen zu werden.

Auf dem Foto stehen rechts von der Anlage zwei große Eichen. Würde man sie entfernen, würde die Atmosphäre der Anlage verarmen. Aber das scheint für Behörden kein Kriterium zu sein. Vielleicht sieht es bei den Darpvenner Steinen jetzt schon leerer und ärmer aus.

Noch einmal meine These:

die alten Eichen und Kiefern sind Teil der Grabanlage.

Darpvenner Steiner, Anlage I

Karlsteine und kritische Anmerkungen

„Auf den Karlsteinen brachten einst die Sachsen Menschenopfer dar. Als Karl der Große den Sachsenkönig Wittekind jagte, hat er den Opferaltar mithilfe Gottes mit einer Reitgerte zerschlagen. Seitdem liegen sie so unordentlich in der Gegend rum. Das erzählt die Sage. Die Wahrheit ist — wie in vielen anderen Fällen auch — eine ganz andere. In der Nähe der Karlsteine befinden sich auf dem Piesberg noch weitere magische Orte.

Auf den Karlsteinen sind wohl nie Menschenopfer dargebracht worden. Aber die Menschen in der Osnabrücker Region haben seit je her viel Fantasie. Sie dachten sich die Sage aus, in der Karl der Große von sieben Brüdern angefleht wurde, er solle bei seiner Jagd auf den heidnischen König Wittekind auf Gott vertrauen. So war er in der Lage den steinernen Altar zu zerschlagen. Zum Dank hielten sie den ersten christlichen Gottesdienst in der Region an diesem Ort ab. Und die Brüder pflanzten sieben Buchen an." (Quelle, Neue Osnabrücker Zeitung, 13.8.15)

Diese Geschichten sagen uns heute nichts mehr. Aber sie werden immer weiter publiziert, wie man sieht. Offensichtlich haben die Zeitungsschreiber keine besseren Geschichten anzubieten. Wir müssen eigene Geschichten finden!

Viele Menschen haben sicher, so wie ich, auch in früheren Zeiten eine Verbindung zu den Ahnen und den Urkräften der Erde, der GROSSEN MUTTER gesucht. Das war ganz natürlich, das ist auch heute ganz natürlich.

Der von der Kirche damals gesäte Hass ist ein großer Zerstörer und Vernichter. Karl der (angeblich) Große hat damit begonnen. Wer kann sagen, was er alles zerstört hat. Die Menschen wurden aufgestachelt oder mit Gewalt gezwungen, alte Kultorte zu zerstören. Es war das Gebot ihres eifersüchtigen und machtsüchtigen Gottes, der im Grunde keiner ist, sondern nur der Wahn in ihren Köpfen und steinernen Herzen.

Steine spalten, das konnten die Menschen bereits in früheren Zeiten. Wenn ihr Hass auf das Alte groß war, dann glaubten sie eine gute Begründung zu haben. Besonders, wenn sie dafür gut bezahlt wurden. Ein Kaiser musste sich seine Hände nicht schmutzig machen. Er hatte seine Handlanger. Das ist seit Jahrtausenden der Fall.

Bei meiner letzten Tour zu den Großsteingräbern (April 2018) habe ich überall Spuren von mutwilliger Zerstörung gesehen und gefühlt. Wie oben gesagt, der Hass ist der große Zerstörer.

Respekt und Achtung für die alten Stätten, ich spüre sie kaum. Man hat die Stätten als Kulturdenkmal deklariert, Schilder und Schautafeln aufgestellt. Es bleibt aber mehr eine abstrakte Form von Wertschätzung.

Die geistig-spirituelle Verunreinigung scheint mir heute sehr groß zu sein. An vielen Stätten müsste viel getan werden in der Hinsicht. Nur, wer will das tun? Von offizieller Seite ist mit keiner Hilfe und mit keinem Verständnis zu rechnen. Heidnische Rituale haben in diesem Land keinen Stellenwert, werden mit Argwohn betrachtet oder sogar vehement abgelehnt. Der damals gesäte Hass hat die Atmosphäre bis heute vergiftet. Eine Dekontamination und ein Neu-Start sind schwierig oder sogar unmöglich in Zeiten eines extremen Materialismus.

Die Suche nach den Großsteingräbern im Osnabrücker Land ist wie eine Fahrt durchs Labyrinth. Wenn man am Ende einer Fahrt durch eine schier endlose Eigenheimsiedlung im Wald ein Grab erreicht, kommt es einem geradezu lächerlich vor. Dann heißt es noch Teufelsbackofen, Teufelsteigtrog. Lächerliche Bezeichnungen. Warum ändert man das nicht? Warum beseitigt man nicht endlich diese dümmlichen Dämonisierungen aus vergangenen Zeiten? Beide Anlagen lohnen aus meiner Sicht keinen Besuch. Aber das gehört auch zu einer Forschungstour, dass man erkennt, was sich nicht lohnt. Lächerlich finde ich es, eine weiße Pyramide aufzustellen mit der Aufschrift „magische Orte entdecken". Dem materialistischen Menschen muss man das wohl sagen.

Abstoßend finde ich die „Teufelsfratze", die ein sogenannter Künstler auf den Süntelstein, einem großen Monolithen, gemalt hat. Wer will, kann nach einem Foto im Internet suchen. Der Findling ist 3,7 Meter hoch, er soll früher von einem Kreis von Steinen umgeben gewesen sein. Ein Steinkreis mit einem zentralen Kultstein?

Die Helmichsteine in Rulle lohnen sich eigentlich nicht. Sie zeigen aber zwei Dinge auf. Einmal das Ergebnis der Zerstörung. Auf einer Tafel ist zu lesen, dass in den letzten 150-200 Jahren sehr viel zerstört worden ist. Zweitens kann man hier den Kontrast erleben zwischen den Relikten einer längst vergangenen Epoche vor 5500 Jahren und der heutigen Zeit, die ich, wie oben bereits gesagt, als Zeit eines extremen Materialismus bezeichnen möchte. Das fällt besonders auf, wenn man durch endlose Eigenheimsiedlungen und gigantische Gewerbegebiete fährt.

Bei den Helmichsteinen kann man sich vorstellen, dass einer der damaligen Erbauer diese Stätte wieder besucht. Er würde sicher denken, dass ja alles zerstört sei, dass man den Rest eigentlich auch entfernen könnte, dass die sauberen und sehr teuren Eigenheime gar nicht zu dem damals gewählten Ort passen, dass alles künstlich und tot geworden sei, leblos und geistlos, dass die alten Geister nicht mehr da seien. Er würde denken, dass es ein Fehler gewesen sei, noch einmal zurückzukehren, und er würde schnell wieder verschwinden.

Achte auf die
großen Bäume,
sie sind die lebenden
Hüter der alten
Steine.

13. Großsteingräber bei Ankum

Südlich von Ankum, bei Uffeln, befindet sich das Großsteingrab Wiemelsberg. Es liegt außerhalb der Ortschaft, kann über einen Feldweg und einen Waldweg erreicht werden.

Diese schöne Anlage im Wald ist recht gut erhalten. Alle zwölf Tragsteine stehen an ihrem Platz, alle sechs Decksteine sind vorhanden, ebenso die zwei Abschlusssteine. Auch wenn ich auf einem der Decksteine ein orangefarbenes Kreuz in Form der einfachen Gibur-Rune X entdeckt habe, ca. 40 cm groß, so wirkt die Anlage doch im Wesentlichen in Ruhe gelassen.

In der Mitte der Anlage findet sich ein stattlicher Baumhüter. Auf der rechten Seite des Fotos kann man die Eiche sehen, hinter der Kiefer. Auf der östlichen Seite sind zwei weitere Baumhüter. Wenn man den Waldweg in Richtung Grabanlage geht, dann kommen einem diese beiden Hüter wie richtige Wächter vor. Besonders der linke der beiden, dessen Verwachsung wie ein Kopf den Besucher anschaut.

Achtet diesen heiligen Ort. Verhaltet euch anständig und würdigt die alten Geister.

Wer auf sein Herz hört, wird das Richtige vernehmen. Wer sich überhaupt hierher auf den Weg gemacht hat, wird beschenkt werden. So könnte es an vielen Orten aussehen. So müsste es sein. So wird die alte, heilige Ordnung gewahrt und bewahrt.

110

Großsteingrab Wiemelsberg

111

Ein Steinkreis der Ahnen?

Im Ort Ankum steht eine große, imposante Kirche. Sie wird **Artländer Dom** genannt und ist dem Heiligen Nikolaus geweiht. Sie steht auf einem Hügel, dem Vogelberg.

Mir geht es hier nicht um die neuromanische Kirche, sondern um den Platz hinter der Kirche, auf der östlichen Seite. Dort scheint es mal einen Friedhof gegeben zu haben. Jetzt steht auf dem runden, leeren Platz ein größerer Findling, der an die Vorfahren (Ahnen) erinnern soll, von 977 bis 1997, also tausend Jahre.

Die erste Kirche soll hier zur Zeit von Karl dem Großen errichtet worden sein. Ich könnte mir gut vorstellen, dass der ganze Vogelberg einst ein Kultplatz gewesen ist, mit großen, stattlichen Eichen oder Linden. Heute ist der Platz leer. Aber er wird von ca. 40 mittelgroßen Findlingen eingerahmt. Sie bilden gewissermaßen einen Steinkreis. Die neu gepflanzten Bäume sind noch jung. Sie werden erst in hundert Jahren groß sein. Die Gestalter des Platzes haben, wohl eher unbewusst, einen Steinkreis für die Ahnen errichtet.

So könnte man sagen, dass es hier wieder eine Kultstätte im alten Stil gibt. Die Geister der Ahnen lassen grüßen.

Es wäre besser gewesen, Karl der Große und andere hätten keinen spirituellen Krieg gegen das ihnen verhasste Heidnische geführt, sondern sie hätten es geachtet und gewürdigt. Vielleicht verstehen das die Leute ja eines Tages in seiner ganzen Tiefe.

*

Bei Hekese gibt es zwei sehr gute erhaltene Großsteingräber. Sie liegen am Waldrand bzw. zwischen einem Feld und einem Wald. Bei diesen Gräbern dachte ich, dass man sie komplett renovieren könnte. Ob das tatsächlich möglich ist, kann ich nicht beurteilen. Aber die beiden Anlagen, die durch eine Steinkette miteinander verbunden sind, wirken kraftvoll.

Großsteingrab bei Hekese

113

„Eine der interessantesten Grabkonstellationen Norddeutschlands ist bei **Hekese** zu finden. Es handelt sich um zwei stattliche Kammergräber, die durch eine 53 m lange Steinreihe verbunden sind. Die Reihe besteht aus ca. 30 Steinen, die kleiner als die Tragsteine der Gräber sind, und ist in der Nähe des Grabes A als Doppelreihe aufgestellt. Viele Steine wurden im vorigen Jahrhundert entfernt. Auf der Hinweistafel vor Ort wird angegeben, dass die Steinreihe am 21.6. (Mittsommernacht) genau auf den Sonnenuntergang ausgerichtet ist." (Quelle: Dr. Bernd Rothmann, www.steinzeugen.de)

Über die Steinreihe scheint man nichts zu wissen. Aus meiner Sicht liegt eigentlich nur eine Bedeutung nahe, man wollte etwas verbinden. Die Vorfahren des einen Grabes mit denen des anderen. Vielleicht waren es zwei größere Gruppen oder Dorfgemeinschaften, die auf diese Weise ihre Verbundenheit zum Ausdruck bringen wollte.

Auch heute geht der Besucher von der südlichen Anlage zur nördlichen und wieder zurück. Er mag mehrmals hin und hergehen. Alles geht hin und her, die Sonne, der Mond, die Jahreszeiten, die Zeitalter. Alles kommt und geht und kehrt wieder, wenn man zyklisch und nicht linear denkt. Ich kann mir gut vorstellen, dass unsere Vorfahren mehr zyklisch dachten. Das Leben kommt im Frühjahr, entwickelt und entfaltet sich, es vergeht und stirbt im Herbst, es ruht im Winter in der dunklen Erde, im Schoß der Erde, es kehrt im neuen Frühjahr wieder. Jeder naturverbundene Mensch kann das Jahr für Jahr erfahren.

Vielleicht, so eine andere Möglichkeit, war die südliche Anlage ein Haus der Männer und die nördliche, die tiefer gelegen ist, eines für die Frauen. Vielleicht hatte man hier die Gruppe der Männer und die der Frauen trennen wollen. Sicher, das muss Spekulation bleiben.

Der Leser kann entscheiden, ob ihm eine der beiden Deutungen zusagt. Oder er findet seine eigene.

14. Ein schönes Großsteingrab im Wald (Hohe Steine)

Ein sehr schönes und recht gut erhaltenes Großsteingrab ist das Grab mit dem Namen „Hohe Steine". Neben der B213, die von der Autobahnabfahrt Wildeshausen-West nach Wildeshausen-Stadt führt, liegt diese Grabanlage. Von einem Parkplatz aus leicht zu erreichen.

Ein Pfad durch den Wald führt zu den „Hohen Steinen". Dort begrüßen den Besucher zwei große Douglasien, die den Kraftort hüten. Auf dem Foto links sieht man die Douglasie, die etwa südlich der Mitte steht und ihre Zweige über das Großsteingrab ausbreitet. Rechts hinter dem Grab, auf der Westseite, sieht man die zweite Douglasie.

Auf dem ganz im Westen liegenden Stein musste ich leider ein Sprengloch entdecken. Gut, dass man den Stein am Ende doch in Ruhe gelassen hat. In das Loch legte ich einen Euro. Möge ein Kind ihn finden und sich freuen (und wundern).

Von den 25 Tragsteinen und 11 Decksteinen soll nur je einer fehlen. Das klingt sehr gut. Bis auf einen sollen alle Steine vorhanden sein, die auch Sprockhoff 1929 vorfand.

Insgesamt machen die Anlage und der Ort auf mich einen positiven, kraftvoll Eindruck. Ein Besuch ist auf jeden Fall zu empfehlen.

„Hohe Steine" mit zwei Douglasien als Baumhüter der Grabanlage

15. Die Ur-Dolmen bei Eckernförde

In der Nähe von Eckernförde gibt es einige markante Ur-Dolmen. Bei Gossefeld – Lehmsiek, bei Loose und zwei bei Birkenmoor. Alle vier Dolmen befinden sich mitten auf dem Acker und sind somit nicht leicht zugänglich.

Wer bei Google-Earth Gut Birkenmoor eingibt, kann sich die Lage ansehen. Zwei kleine Punkte auf dem Acker südlich der Osdorfer Landstraße.

Ehrlich gesagt, macht es keine große Freude, alte Megalithstätten auf einem Acker zu besuchen. Die Bauern haben daran kein Interesse. Es gibt keinen Weg, es gibt kein Hinweisschild. Die Bauern nutzen jeden Quadratmeter und pflügen sehr nah an die Kultstätte heran. Ich vermute, dass sie es am liebsten hätten, wenn die Denkmalsbehörde die Anlage versetzen würde.

Der Dolmen bei Goosefeld steht mitten auf einer Weide. Man kann schön übers Land schauen, sieht aber auch Windräder und die Straße im Westen ist nicht weit entfernt.

Der Dolmen bei Loose befindet sich ebenfalls auf einem höher gelegenen Acker. In westliche Richtung hat man einen guten Ausblick über das noch archaisch wirkende Land. Die stark befahrene Straße auf der östlichen Seite stört jedoch die Ruhe. Parken ist ein großes Problem.

Der Dolmen beim Gut Birkenmoor ist auch nur über den Ackern zu erreichen. Andere Stätten in der Nähe sind wohl nur im Winter oder im trockenen Herbst erreichbar. In südliche Richtung hat man einen guten Ausblick übers Land.

Der Dolmen östlich vom Gut Birkenmoor ist von der Straße aus zu sehen, liegt aber ebenfalls mitten auf dem Acker.

Die vier genannten Ur-Dolmen sind in einem guten Zustand. Sie scheinen mir aber spirituell eher tot und nicht genutzt zu werden. Dafür wäre auch ein Schutzstreifen von mindestens fünf Metern notwendig. Davon könnte man die Bauern vermutlich nicht überzeugen. Ein Zugangsweg müsste ebenfalls vorhanden sein.

Es stellt sich die Frage: Wie war es damals, als man die Dolmen errichtete. Lagen sie auf freiem Feld oder schon auf einem Acker? Heute stehen sie nackt und kahl in der Landschaft. Man kann in die Weite schauen, sieht aber bei weitem nicht nur naturbelassene, wilde Landschaft!

Gab es damals starke Eichen? Eichen findet man viele, auch heute noch, sogar starke und kraftvolle. Ich vermute, dass man die Dolmen damals in der Nähe von ur-alten Eichen errichtet hatte. Drum herum wird es Äcker gegeben haben, aber man wird eine Schutzzone gehabt haben. Heute brauchen oder wollen die Bauern das nicht. Es sind nicht ihre Ahnen und Geister, die dort zuhause sind. Es ist ein Kulturdenkmal, so bezeichnet von der Behörde, mehr nicht.

Kulturdenkmäler müssen belebt werden. Ein Besuch und ein wenig rituelle Arbeit reichen nicht, siehe das Foto vom Dolmen beim Gut Birkenmoor. Die Menschen in der Gegend müssten etwas tun und leben!

Nächste Seite: Dolmen bei Goosefeld – Lehmsiek und bei Loose.

119

Seite vorher: Dolmen bei Birkenmoor, beim Gut, südlich der Straße. Auf dem Foto Trommel und Gebetsfäden im Holunderbusch. Unteres Foto: Dolmen bei Birkenmoor, östlich vom Gut, südlich der Osdorfer Straße. Auf beiden Fotos sieht man im Hintergrund eine Eiche, auf dem ersten Foto stehen die Eichen auf einem runden Erdhügel. Dort liegen größere Findlinge.

Himmel oder Erde?

Man kann sich bei den markanten, auf einer Anhöhe stehenden Dolmen fragen, welcher Bezug wichtiger sei, der zum Himmel oder der zur Erde. Vielleicht war es nur eine Grabstätte für eine besondere Person? Vielleicht wollte man dem herausragenden Führer einer Gruppe ein Denkmal setzen?

Auf dem Hügel war er dem Himmel näher – und konnte sozusagen von oben noch über seine Menschengruppe wachen. Ob es sich dabei um einen mehr politischen oder mehr spirituellen Führer gehandelt hatte, wissen wir natürlich nicht. Wissen tun wir ohnehin meist nichts, dessen müssen wir uns immer wieder bewusst sein.

Aber was leuchtet ein, was ist plausibel, was macht Sinn?

Ich persönlich würde die Vorstellung favorisieren, dass es die Grab- und Kultstätte eines wichtigen Schamanen oder seiner Familie war, die über einen längeren Zeitraum eine schamanische Tradition hatten. Dann wäre die Stätte ein Ort positiver, heilender Ausstrahlung gewesen.

Manche hätten dann die Stätte zum Zweck einer Heilung aus der Oberwelt aufgesucht. Wie die Stupas und Tschörten in Tibet streben diese Dolmen für mich zum Himmel, zur höheren, freien Dimension.

Dolmen bei Loose

Leben in Haitabu

Die Steinzeit liegt sehr lange zurück. Wir können uns kaum vorstellen, wie die Menschen damals gelebt haben, welchen Alltag und welche Religion sie hatten. Leichter fällt einem die Vorstellung, wenn man die kleine Siedlung Haitabu bei Schleswig besucht. Vom Parkplatz muss man einen Weg durch die relativ ursprüngliche Landschaft, vorbei an Schafen und Galloway-Rindern, gehen, bis man zu den grauen Häusern gelangt.

Hier kann man einen modernen Wikinger sehen, der ein Holzbrett bearbeitet. Man kann in eine der Hütten gehen, dort eine Zeit verweilen, und innerlich in der Geschichte der Menschheit zurückreisen. Wie war das Leben damals? Was war wichtig, woran hatte man damals geglaubt? Welchen höheren Sinn hatte das Leben, jenseits vom täglichen Überleben?

Das normale Leben bestand sicher aus sehr viel Handwerk. Alles musste man selbst machen, und vor allem können. Manches sehen wir heute poetisch verklärt. Der kraftvolle Schmied. Der emsige Bearbeiter von Fellen. Wie schön! Der Dachdecker, der die Häuser mit Stroh deckt. Das Weben von Stoffen. Sehr schön! Die Herstellung von Zäunen, von Booten, von Körben. Die Herstellung von Schmuck aus Knochen und Bernstein. Wunderbar!

Wie schwer und mühsam musste aber das Leben tatsächlich gewesen sein. Wenn man ein wenig in einer der Hütten sitzt, kann man sich seine Gedanken machen.

Und dann gab es sie damals schon, diese feinen Herren, diese Machtmenschen, die immer nur ausnutzen und profitieren wollen! Es gab keine soziale Idylle, so wenig wie heute. Solange sich an den Machtverhältnissen nichts ändert, wird es keine Gemeinschaft geben, die den Namen verdient.

Trotzdem: ich stelle mir einfach mal eine harmonische Gemeinschaft vor, auch wenn ich weiß, dass es sicher Streit und Wut und Hass gegeben hatte.

Die Gerüche müssen intensiv gewesen sein. Das Holz, die Felle, die Feuerstelle, das gekochte Essen, die Tiere. Licht gab es kaum in den Hütten.

Als ich Haitabu besuchte, schien die Sonne, aber in einem Gespräch mit einem Besucher meinte ich, dass bei Sonnenschein alles schön ausschaue, aber wie sieht es bei tagelangem Regen aus, oder im Winter, wenn draußen alles kalt und erstarrt ist?

Das Leben war keine Idylle!

16. Moderne Megalithanlagen

Steine faszinieren immer noch. Auch heute gibt es Anlagen mit großen Steinen. Eine davon befindet sich bei Schleswig. Dort hat man auf einem Berg, Karberg genannt (Kirchberg), eine Gedenkstätte für Soldaten errichtet. Für die Soldaten hat man hier nicht einzelne Kreuze aufgestellt, sondern niedrige Mauern, wenn man so will „Soldatenreihen".

In der Mitte hat man einen Dolmen aus Beton gebaut. Die Trägersteine sind unregelmäßig, die Deckplatte ebenfalls. Steht man unter dem Dolmen, kann man durch ein Loch der Deckplatte in den Himmel schauen. Was man hier rituell machen kann oder soll, weiß ich nicht.

Die Anlage wird man sicher für offizielle Anlässe nutzen, um sich an das Leiden der Soldaten, der Menschen überhaupt, den Wahnsinn des Krieges und die Schuld der Deutschen zu erinnern. Eine richtige Gedenkstätte für Krieger-Ahnen ist es wohl nicht. Dafür scheint mir hier ein entsprechendes Konzept zu fehlen. Es würde sich auch die Frage stellen, welchem Kriegsgott man hier huldigen möchte.

125

Beim Parkplatz am Fuße des Karberges gibt es eine zweite, interessantere Anlage.

Im Zentrum, in der Mitte steht ein hoher Findling, der etwa drei Meter hoch sein dürfte. Um ihn herum ist ein kleiner Kreis mit kleineren Findlingen. Man kann den zentralen Stein umwandeln. Drei Hecken gehen vom Mittelkreis aus. Der große Kreis wird von Findlingen begrenzt. Auf der nordwestlichen Seite ist ein spitzes Steinfeld.Dort haben Besucher Steine übereinander gelegt. Zwischen diesem Steinfeld und dem zentralen Stein steht eine junge Eiche. Die Sitzbank, auf dem Foto links vom Hauptstein, wirkt eher störend.

Ich kenne das Konzept des Gestalters nicht. Vielleicht sollen die Hecken, die Eiche und der spitze Stein am Ende eine Rune aufzeigen, die man allgemein für das Friedenszeichen nimmt. Was soll der große, zentrale Findling symbolisieren? Welchen Gott oder welche Göttin? Unbewusst mögen bei der Gestaltung archaische Vorstellungen aus der Steinzeit mitgespielt haben.

Große Steine faszinieren besonders, große, markante Steine.

Dieser liegt in Niederhaverbeck, Lüneburger Heide, beim Gasthof Mencke.

Hermann Löns Stein

Man hat ihn nicht senkrecht aufgestellt, sondern hingelegt – warum auch immer. Man hat ihn Hermann Löns gewidmet, wie man lesen kann. Hermann Löns steht wohl für den naturverbundenen Heidemenschen. Wer kennt heute noch Hermann Löns? Ist er nicht längst eine Art mythologischer Figur geworden?

In der Nähe des Gasthofs hat man kleine, künstliche Dolmen (drei!) errichtet. Sie sind eine Art Heidesymbol geworden, drei Trägersteine, ein größerer Deckstein. Auf den braunen Schildern neben der Autobahn sind sie auch zu sehen. Der Schäfer, die Heidschnucken und der Dolmen – archaische Symbole der Heide.

Heute ist das eher zur Dekoration verkommen. Spirituelle Symbolik spielt unbewusst eine Rolle, man hat jedoch keinen klaren und bewussten Kult. Aber die Steine hüten das alte Wissen, und irgendwann werden sie bei einem Besucher vielleicht etwas in Gang setzen.

128

17. Zwei Orte der Vergangenheit

Es gibt die nähere Vergangenheit, es gibt die fernere. Wenn man über 65 Jahre ist, dann hat man viel Vergangenheit. Manches liegt schon 50 Jahre zurück.

Als ich bei Hemmelmark nach Großsteingräbern suchte, sah ich ein altes Mausoleum, das mich sehr anzog. Man konnte es von der Straße am Waldrand sehen. Ich musste dorthin. Als ich dort war, hatte ich den Eindruck eines russischen Gebäudes. *Ach, das heilige Russland*, dachte ich.

Um das Museum standen einige große, stattliche Eichen, aber das Mausoleum war in keinem guten Zustand. Es gibt wohl niemanden, der sich darum kümmern will. So schläft es dahin im Jahre 2018. Bei Wikipedia finde ich den folgenden Eintrag:

„Hemmelmark war im Mittelalter ein Gut der uradligen schleswig-holsteinischen Familie Sehestedt.

Prinz Heinrich von Preußen kaufte das Gut 1894 als Landsitz nahe seinem Dienstort Kiel.

Als Grablege wurde eine Kapelle im russischen Stil errichtet. Sie liegt auf der Feldmark zwischen Hohenstein und Hemmelmark, unmittelbar neben dem Hünengrab Hemmelmark."

Also lag ich richtig mit meinem *russischen* Gefühl. Das Großsteingrab lag, wie so oft in der Gegend, mitten auf dem Acker. Südlich davon ruhten einige Rehe, schauten herüber, liefen jedoch nicht fort. So blieb es bei meinem Fern-Schauen.

Ein anderer Ort der ferneren Vergangenheit ist das einmal gut ausgeschilderte Langgrab Karlsminde.

Die Grabanlage ist 60 Meter lang, 5,5 Meter breit und 2,5 Meter hoch. Auf der Südseite gibt es 3 Eingänge, bzw. Dolmen. Auf und bei der Grabanlage stehen mehrere hohe Eichen. Datiert wird die restaurierte Anlage auf die Zeit um 2500 v.Chr.

Man kann über die Anlage laufen oder sie umrunden. Ausblicke hat man in alle Himmelsrichtungen.

Mich hat die Anlage nicht motiviert, rituell irgendetwas zu machen. Das liegt vielleicht daran, dass hier viele Ostsee-Touristen vorbei schauen. Vielleicht liegt es auch daran, dass eine restaurierte Anlage leicht tot wirken kann. Wenn Behörden, mit sogenannt wissenschaftlicher Beratung, alles hübsch in Ordnung bringen, dann werden leicht die Geister der Vergangenheit vertrieben.

Am eindrucksvollsten sind für mich hier die Eichenhüter, die auf und am Rande des Langgrabes stehen. Die Anlage könnte auch Sieben-Eichen heißen, es waren wohl mal acht Eichen. Jeder kann für sich überlegen, was er mit der Zahl verbinden möchte.

131

18. Die rekonstruierte Anlage bei Anderlingen

Viele Großsteingräber wurden in der Vergangenheit zerstört. Um so erfreulicher ist es, wenn Anlagen auch wieder neu errichtet werden wie die in Anderlingen, nordöstlich von Zeven.

Bemerkenswert ist der sogenannte Bildstein, der sich in der Steinkiste befindet. Auf dem Foto in der Mitte. Das Foto von dem Bildstein zeigt eine Nachbildung. Das Original befindet sich im Landesmuseum Hannover. Wofür stehen die drei Figuren? Sind es die drei germanischen Götter Freyr, Thor und Odin?

„In den drei Gestalten des Anderlinger Reliefs spiegelt sich möglicherweise die germanische Hauptgötter-Triade: Der linke hält den Dreispross, den Fruchtbarkeitszweig, empor, ist also als Fo-Freyr-Frikko zu deuten. Der Mittlere ist fraglos der uralte solare Hammergott, der

132

im Donar-Thor seine späte Ausformung fand. Die rechte Figur müsste dann den Geistgott Wodan-Wodin-Odin meinen, wobei sein Armgestus einen huldvollen Charakter zu haben scheint, aber nicht klar zu deuten ist." (Quelle: **www.oding.org**)

Mir scheinen es eher Geister zu sein, die vielleicht für die Lebenskraft, für Schutz und Segnung stehen könnten. Aber es wird wohl nie eine klare Deutung geben können. Wenn man keine eindeutige Interpretation hat, kann und muss man nachdenken; man kann seiner Vorstellungskraft Raum geben, und das halte ich für gut.

In dem Faltblatt des Kulturvereins Anderlingen ist von einer „Bestattungszeremonie" oder „einer mythischen Szene" die Rede. Schamanisch gesehen machen Schutzgeister in einem Grab am meisten Sinn. Der tote Körper wird durch die Steine und den Erdhügel materiell geschützt, spirituell durch die Geister.

133

Um die Steinkiste herum hat man einen Kreis von Findlingen gelegt. Auf einigen steht auf einem Metallschild die Gesteinsart. Der Steinkreis zeigt die Begrenzung des Erdhügels auf. Nördlich davon hat man einen neuen Erdhügel zur Veranschaulichung errichtet. Eine Begehung ist nicht vorgesehen, und oberhalb der Findlinge kommt sofort der steile Hügel. Man kann also den Hügel nur umrunden, wie man auf dem Foto sehen kann. Die Wolken auf dem Foto könnte man als die Geister der Ahnen deuten.

Ein Hügel ist wie ein Wohnhaus der Toten. Ob Grabräuber oder Archäologe, eigentlich ist es Frevel, die Ruhe der Toten zu stören. Die Wiedererrichtung des Hügels in Anderlingen ist eine Art Respekt gegenüber den Ahnen, eine Wiedergutmachung. Sicher auch dafür, dass man die Steinkiste und den Bildstein ans Landesmuseum „verkauft" hatte. Ob und wie die ganze Anlage rituell genutzt wird, weiß ich nicht.

Steinkiste von Anderlingen, hinten der neue Grabhügel

135

19. Träume von der Steinzeit

Die Anlagen der Megalithkultur hatten für mich schon immer etwas mit Träumen oder der sogenannten „Traumzeit" zu tun. Es ging immer um den magischen Traum von einer Alternative zu einer als unzureichend empfundenen Gegenwart. Das war bereits 1969 der Fall, als ich im Sommer Stonehenge in England mit meiner Gastfamilie besuchen konnte. Damals war man froh, wenn man eine Ansichtskarte und eine kleine Broschüre hatte. Es gab kein Internet, es gab keine Videos und keine Unzahl von Fotos. Aber man hatte seine Vorstellungskraft, seine Phantasie. 20 Jahre später hatte ich ein einziges Foto vom Castlerigg Stone Circle im Lake District. Das hatte meine Phantasie sehr stark angeregt und ich habe zwei größere Ölbilder gemalt. Es ging mir um ein magisches Universum. So auch bei dem folgenden Aquarell.

136

Wer selbst in einem magischen, zauberhaften Universum lebt, der wird wissen, was ich meine. Ansonsten bleibt nur der Rat, den magischen Zauber der wilden Natur und ihren vielen Formen der Gestaltung und Kreativität neu zu entdecken. Und es geht darum, seine Vorstellungskraft und Phantasie neu zu kultivieren. Sich auf magische Bilder und Formen einzulassen. Nicht abstrakte Begriffe oder Schubladen haben zu wollen, sondern eben ausdrucksstarke Bilder, Bilder, welche die Tiefenschichten der Seele ansprechen, Bilder, die intensive Gefühle in Bewegung setzen.

Der kreative Weg ist ein guter Weg ins Land der Träume und inneren Vorstellungen. Einerseits hält man sich an eine reale Vorlage, z.B. den genannten Stone Circle, andererseits geht man ganz in seiner inneren Welt auf.

137

Wenn man einen Ort hat, den man real besuchen kann, dann kann man beide Seiten leben und erleben. Den konkreten, realen Besuch vor Ort, und die Welt der inneren Vorstellungen. Den markanten Stein der Lübbensteine kann man real besuchen oder ihn künstlerisch gestalten.

Heutzutage kann man ihn so oft fotografieren, wie man will. Zu allen Tageszeiten. Aber ich denke, dass damit der kreative Weg nicht überflüssig geworden ist, ganz im Gegenteil. Heute müssen wir uns eher von der unendlichen Fotoflut befreien, um uns wieder auf das Wesentliche konzentrieren zu können. Man kann länger bei diesem besonderen Stein verweilen, um einen inneren Kontakt zu ihm zu bekommen. Man kann ihn mehrmals umrunden, man kann ihn auf allen Seiten berühren, man kann die Verbindung zur Erde und zum Himmel erfahren. Wer malt oder zeichnet, entwickelt diesen Kontakt auf kreative Art und Weise.

138

Bei manchen realen Megalithstätten bleibt uns nur die Phantasie, nur der Traum, denn auf der realen Ebene wurde alles zerstört und es finden sich keine Spuren mehr. Die Siebensteinhäuser tragen die Buchstaben A,B,C,D und E. Wo sind die anderen geblieben? Auf dem Aquarell ist meine Vorstellung von G zu sehen.

Natürlich ist das nur eine der möglichen Vorstellungen.

Nicht die sogenannte Realität ist hier der Maßstab, sondern das intensive Gefühl, die starke seelische Verbundenheit mit dem Ort, den Steinen, den Pflanzen, der ganzen Umgebung, dem Horizont und dem weiten Himmel.

139

20. Spirituelle Praxis

- Stätten der Megalithkultur besuchen. Diejenigen, die nicht weit weg sind, möglichst oft, zu allen Jahres- und Tageszeiten.

- Respekt, Achtung und Verehrung ins Zentrum stellen, nicht so sehr an sich denken, an den eigenen „Gewinn".

- Mit Trommel und Gesang den Kontakt zu den Naturgeistern des Ortes, der Umgebung, der Vorzeit herstellen.

- Dankesgaben an den Ort bringen. Aber keinen spirituellen Müll produzieren, d.h. zu viel, zu groß, zu auffällig etc. Nichts Fremdes hinterlassen, indianische Objekte oder tibetische Gebetsfahnen, denn die heiligen Stätten der Vorzeit gehören den damaligen Menschen. Wir selbst sind nur, mehr oder weniger, entfremdete Nachfahren!

- Sich selbst nur als Hüter und/oder Besucher begreifen, es sei denn, das Großsteingrab befindet sich im eigenen Dorf oder der näheren Umgebung.

- Einen magischen Gegenstand vergraben, z.B. einen Halbedelstein oder ein Tier aus Ton; auch hier gilt: bescheiden sein.

- Etwas kreativ gestalten, mit einem Ast oder einem kleineren Stein, der sowieso in der Nähe oder auf dem Feld liegt

beim Großsteingrab Nettgau - Gladdenstedt

141

Foto: bei den Lübbensteinen, 1990, also ein Foto aus vergangenen Zeiten

Beim sogenannten Heideopfertisch – teilweise mutwillig zerstört, wie man auf dem Foto sehen kann.

Wolf E. Matzker, geb. 1951. Natur-Mystiker, Dichter und Künstler.

Wangerooge – Seeleninsel, naturmystische Gedichte, 2010.
Schamanismus als moderne Naturreligion – Grundlagen und Wege eines spirituellen Schamanismus, 2010
Traumzeitpfade, schamanische Seelenfindung auf magischen Wegen,2013
Wilder Brocken, Deutschlands heiliger Berg der Dichter, Maler und Naturverehrer, 2013
Der Wolf – Krafttier der Seele. Über den Wolf im feinfühligen Schamanismus, 2014
Adler im Schamanismus. Adler, Rabe und andere Vögel im schamanischen, naturmystischen Weltbild, 2015
Der heilige Wald. Magie, Schönheit und Spiritualität des Waldes, 2016

Heimat und Spiritualität: über Natur, Heimat und einen lokalen Schamanismus, 2017
Naturverehrung, die heilige Natur bei Goethe und anderen deutschen Dichtern, 2017
Heilige Berge: Magie, Schönheit und Spiritualität der Berge und Felsen, 2017
Die Elbe, die spirituelle Geschichte eines Flusses, privater Druck 2017

Weitere Informationen unter: www.visionhill.de

Kleinenknetener Steine II

144

Literaturverzeichnis:

1. **Capelle, Thorsten:** Norddeutsche Felsbilder, Hildesheim 1984
2. **Fansa, Mamoun**: Großsteingräber zwischen Weser und Ems, mit Aufnahmen von Ingeburg Lindner-Olbrich, Oldenburg 2009
3. **Gerdsen, Hermann:** Die „Großen Steine" von Kleinenkneten. Zwei Großsteingräber bei Wildeshausen, Landkreis Oldenburg, Wilhelmshaven 1987
4. **Groht, Johannes**: Tempel der Ahnen – Megalithbauten in Norddeutschland, Baden-München 2005
5. **Großsteingräber in der Altmark**: Autoren: Hartmut Bock, Barbara Fritsch, Lothar Mittag, Johannes Müller. **Fotos**: Juraj Lipták. Halle 2006
6. **Von Speerspitzen und Steingräbern,** Urgeschichte im Emsland. Verschiedene Autoren, Sögel/Hannover 1982
7. **Schirnig, Heinz** (Hrsg.): Großsteingräber in Niedersachsen, Hildesheim 1979
8. **Schulze-Thulin, Britta**: Großsteingräber und Menhire. Sachsen-Anhalt, Thüringen, Sachsen. 15 spannende Touren zu den schönsten Megalithbauten mit Umgebungskarten, Halle 2011
9. **Steffens, Heino-Gerd**: Archäologische Denkmale und Funde im Landkreis Oldenburg, Hildesheim 1980

Interessante Internet-Links:

Seite von Thomas Witzke, umfassende Übersicht:
http://tw.strahlen.org/praehistorie.html

Straße der Megalithkultur, westliches Niedersachsen:
http://www.strassedermegalithkultur.de/de/

Mystische Routen rund um die Steinzeit:
http://www.steinzeitreise.de/einleitung.php

Großsteingräber Niedersachsen, Schleswig-Holstein
Sehr gute Seite von Dr. Bernd Rothmann:
http://www.steinzeugen.de/

http://grosssteingraeber.de/seiten/deutschland.php

Glaner Braut, vom kleineren Westgrab aus gesehen